Conversas sobre alegria

Conversa
sobre
alegria

Gabriel Chalita
e Padre Patrick

Conversas sobre alegria

1ª edição

Rio de Janeiro | 2025

FOTOS DE CAPA
Eduardo Knapp (frente)
shunfei/Adobe Stock (quarta capa)

CIP-BRASIL. CATALOGAÇÃO NA PUBLICAÇÃO
SINDICATO NACIONAL DOS EDITORES DE LIVROS, RJ

C426c   Chalita, Gabriel
           Conversas sobre alegria / Gabriel Chalita, Padre Patrick
      Fernandes. - 1. ed. - Rio de Janeiro : BestSeller, 2025.

      ISBN 978-65-5712-464-2

      1. 1. Felicidade. 2. Espiritualidade. 3. Relações interpessoais.
      4. Autorrealização (Psicologia). I. Fernandes, Patrick. II. Título.

25-95738   CDD: 158.1
                        CDU: 159.923.2

Gabriela Faray Ferreira Lopes - Bibliotecária - CRB-7/6643

Copyright © 2025 by Gabriel Chalita e Padre Patrick
Copyright da edição © 2025 by Editora Best Seller Ltda.

Todos os direitos reservados. Proibida a reprodução,
no todo ou em parte, sem autorização prévia por escrito da editora,
sejam quais forem os meios empregados.

Direitos exclusivos de publicação em língua portuguesa para o mundo
adquiridos pela
EDITORA BEST SELLER LTDA.
Rua Argentina, 171, parte, São Cristóvão
Rio de Janeiro, RJ — 20921-380
que se reserva a propriedade literária desta edição.

Impresso no Brasil

ISBN 978-65-5712-464-2

Seja um leitor preferencial Record.
Cadastre-se no site www.record.com.br e receba informações sobre nossos
lançamentos e nossas promoções.

Atendimento e venda direta ao leitor:
sac@record.com.br

*Para nossas mães, que nos embalaram por
primeiro nos inícios da alegria.*

*E, por elas, para todas as mães que prosseguem gerando
vidas, todos os dias, no ofício inegociável do amar.*

Sumário

Apresentação   9

Nascer para a alegria   11
Cada um é único   45
O bom do conhecer   79
A arte do cuidar   115
As esperas e a esperança   149
A leveza do perdão   183
A simplicidade e a poética dos cotidianos   219

Apresentação

Gostamos dos encontros.

Das conversas.

Da alegria.

Gostamos do estar juntos.

Estivemos juntos, perto ou longe, quando escrevemos as palavras nascidas do nosso intento de dizer o amor.

O amor à vida, o amor às pessoas, o amor à consciência do nosso estar no mundo.

Foi o nosso estar no mundo que nos deu de presente um ao outro, o bom da amizade.

A amizade que envelopamos nas cartas que enviamos.

As cartas, mesmo que enviadas por meios mais rápidos, nem por isso apressados.

A nossa única pressa ao escrever este livro era a pressa do compartilhar. Do, ao ver tantas distâncias, dizer a alegria.

A alegria é a arte do encontro.

Nos encontramos e temos a intenção amorosa de encontrar os que nos leem. E a intenção ampliada de que os que nos leem possam encontrar a si mesmos.

Escrevemos no tempo o que estávamos vivendo no tempo. E, também, as memórias que o tempo em que estávamos vivendo nos ofereciam para compartilhar.

Este livro nasce de um compromisso inteiro com a sinceridade.

Somos nós, inteiros e partidos, fortes e frágeis, silenciosos ou semeadores de palavras, que nos apresentamos para a conversa.

Para as conversas sobre a alegria.

Nascer para a alegria

Querido padre Patrick,

Como é bom conversar, não é, meu amigo?

O prazer do ouvir e do dizer, do compartilhar da intimidade de alguém. Do dar e do receber atenção.

Tristes tempos de tantas desatenções, de descartes, de pressas que nos roubam tanto silêncios como presenças. Quando estamos desatentos, nos ausentamos, inclusive de nós mesmos. E dos outros. Os encontros com nossos mundos internos nos explicam o bom e o belo dos encontros com mundos que vivem no mesmo tempo em que nós vivemos.

Cada ser humano é um mundo!

Um mundo de conversas. Um mundo de possibilidades.

A palavra conversa vem do latim *conversare*.

Conversare vem da raiz *verso*, que está ligada ao ato de virar, de se voltar para um lado. Nesse caso, falamos do lado em que há alguém, porque o prefixo "com" vem de *cum*, que significa estar junto, estar em companhia de outro. Existe algo mais prazeroso do que estar na companhia de alguém?

> **❝**
>
> É necessário um aprendizado desde sempre para a alegria. A alegria tem que se tornar um hábito, como é um hábito se lavar. A alegria é também um banho de alma.
>
> — *Gabriel Chalita*

Como mensurar, amigo, o prazer do colo, do abraço, do tempo escolhido para viver junto? O prazer do sorrir, do sorriso sincero, do sorriso abridor das janelas da intimidade?

Vez em quando, é preciso fechar tudo para fazer arrumações, para fazer limpezas, porque há muita sujeira no mundo. E nas pessoas. Nesses momentos, a boca é silêncio, é pausa, para depois sorrir novamente. E dizer. O dizer das conversas.

Dos encontros com as pessoas nascem encontros com nós mesmos. São encontros que permanecem.

Gosto do poetizar de Guimarães Rosa, que nos fala de Deus e da alegria:

> Deus nos dá pessoas e coisas, para aprendermos a alegria...
> Depois, retoma coisas e pessoas para ver se já somos capazes da alegria sozinhos...
> Essa... a alegria que Ele quer.

As coisas não nos pertencem, nem as pessoas. Nem mesmo as pessoas que amamos muito nos pertencem. Elas um dia se vão. Pelas mais diversas razões, inclusive porque morrem, como nós também morreremos. Mas será que pensar na morte significa dispensar a alegria? Será que a morte assusta nossa vida?

Nascemos para morrer, isso é fato. E nascemos para a alegria, isso é aprendizado.

O fato de nascermos para morrer independe de nossa vontade. Não nos foi perguntado. Não nos foi oferecida uma outra possibilidade. A possibilidade que temos não é no tema da morte, mas no tema da alegria. Então, é necessário um aprendizado desde sempre para a alegria. A alegria tem que se tornar um hábito, como é um hábito se lavar. A alegria é também um banho de alma.

Nunca me esqueço, padre, de uma senhora de 93 anos que conheci em uma igreja, com um sorriso no rosto enquanto dizia da alegria de estar viva. Conversamos. Ah, o bom das conversas. Falamos sobre nossa vida, sobre nossas crenças e até mesmo sobre nossas descrenças. Falamos do tempo e do que fazemos dele. E falamos da morte. Ela disse, ainda com um sorriso, que não tinha pressa alguma. Que vivia os dias sorrindo como sorriem as flores, que desconhecem que o tempo do permanecer não dura muito.

Flores, rosas, o nome dela era Teresinha. Teresinha, como a santa que dizia que, ao morrer, pediria a Deus que enviasse dos céus uma chuva de rosas, um jeito diferente de dizer que era uma chuva de alegrias.

Pois bem. Naquela igreja, naquela conversa, perguntei à Teresinha o segredo da alegria, o que a fazia ser tão leve. Ela não titubeou: "Ah, meu filho, eu tomo banho de alma." Eu gostei do dizer. Banho de alma. Eu entendi, mas quis saber dela. Quis aprender na conversa. E perguntei. Eu gosto da convivência com as perguntas. Elas são mais ensinadoras, mais amigas da sabedoria, do que as respostas. Então, ela foi escrevendo seu mandamento de vida naqueles dizeres, naquela igreja: "Filho, aos 93 anos, eu já sofri muitos dissabores, muitas perdas, já pisei em muitas pedras e já me machuquei."

Ela ia dizendo sem demitir o sorriso, o lindo sorriso, em momento algum. E dispersou um pouco da pergunta. Eu estava atento e gostando das palavras que iam construindo frases e revelando histórias. Mas eu queria voltar ao tema do banho de alma. E ela não fugiu.

"Se você não tomar banho, o seu corpo fica sujo, o seu cheiro fica insuportável, as pessoas não vão conseguir conviver com você. Com a alma é a mesma coisa. Tomar banho de alma é perdoar. É perdoar os erros dos outros e os nossos mesmos. É não acumular ressentimentos. É não viver lamentando o que não aconteceu."

Como foi bom conversar com Teresinha. Era uma manhã de um domingo de abril, o mês do meu aniversário. Gosto dos dias de abril, gosto do outono, das folhas das árvores que se desprendem dançando com o vento.

Um dia, amigo, escrevi uma peça de teatro sobre a relação de amor de um pai e de um filho. O filho havia perdido a visão. O filho estava se despedindo da vida, tomado por um câncer sem previsão de regresso. A mãe já havia morrido, também de câncer, alguns anos antes. E eu precisava escrever a cena da morte. Eu tenho a lembrança de ter dormido e acordado pensando na cena. Quando voltei ao texto, no amanhecer de mais um dia, a imagem que eu tinha, até porque a mãe era bailarina, era da morte como uma dança, uma dança da alma. A mãe vinha ao encontro do filho e estendia seus braços para o dançar. E o filho perguntava à mãe se havia chegado a hora da sua dança. A mãe apenas sorria e o sorriso dizia o necessário. E o resto era a dança. A dança que elevava até o lugar em que não há lugar, não como compreendemos. O que compreendemos é nada diante do mistério.

Uma alma não dança sem estar banhada. O que nos suja nos prende. A dança é a metáfora da liberdade.

Na peça sobre a morte, eu vasculhava em mim o sentido da vida. Por que nascemos, padre?

Que nascemos para morrer, sabemos. Mas e antes da morte? O que podemos ou o que devemos fazer antes da morte?

Aprender a alegria?

E como se aprende a alegria?

Como foi sua infância, padre?

Tenho a convicção de que a nossa infância é definidora de muitos comportamentos da nossa existência.

É a semente bem cuidada que gera a razão de ser da árvore.

Eu tive uma infância regada por muito amor e por muita fé. Meu pai era um jardineiro de bondades. Suas mãos grandes foram desenhadas por Deus para lapidar encontros, para ajudar pessoas a encontrarem a si mesmas.

Em uma conversa, em sua loja — ele tinha uma loja grande na pequena cidade em que morávamos —, eu observava uma senhora bem velha, que ia com frequência, e que falava sem pressa. E ele tinha pressa nenhuma de se despedir. Quis entender. Eu, pequeno, perguntei: "Pai, por que o senhor dá tanta atenção a essa senhora? Ela nunca compra nada." E ele respondeu sorrindo: "Não me custa nada, filho. Ela não tem ninguém para ouvir suas histórias." Fiquei olhando o mexer de suas mãos ao dizer a bondade. E ele concluiu: "Ouvir é amar."

Ouvir é amar, padre. É tão simples e tão profundo esse ensinamento.

Eu escrevi, há não muito tempo, uma peça de teatro cujo título era *Sorriso de mãe*. Era a história de um filho, ao lado de sua mãe, que já não mais sorria ou dizia. E que queria um último encontro antes da despedida. O filho ia, então, contando os encontros que tiveram na vida com pessoas que marcaram suas histórias. Histórias engraçadas, histórias tristes. Histórias. Porque é do que somos feitos, histórias. E nessa peça eu usei a frase do meu pai: "Ouvir é amar." É por isso que faço um esforço constante para demitir as desatenções e as pressas quando alguém precisa de mim para ouvir.

Meu pai foi uma referência de bondade, sempre. Ele era um homem profundamente religioso. De missas. De orações. De caridade. Há cenas nas minhas memórias, bendito seja o inventor da memória, que me fazem revisitar os tempos com ele. Eu queria ser padre. Eu queria cuidar de crianças que moravam nas ruas na pequena cidade. Que moravam antes de um padre, o padre Benevides, abrir uma casa de acolhimento e não deixar ninguém para trás. Eu queria ser como o padre Benevides.

Minha mãe, que era uma mulher também de muita fé, não incentivava. Tinha medo da vida de padre, embora amasse os padres e os recebesse como filhos em sua casa. Ela tinha medo da solidão do padre, dos lugares para onde o padre precisaria ir para viver a própria missão. E, então, desconversava quando eu dizia.

Um dia, eu estava dando uma palestra sobre a história da salvação em um Seminário de Vida do Espírito Santo. Eram os inícios da Renovação Carismática Católica. A minha cidade, Cachoeira Paulista, é onde o monsenhor Jonas Abib escolheu para fazer a grande comunidade Canção Nova, que, na época, era muito pequena. Era tudo nascendo. E nascia em mim um ardor profundo de realizar na minha vida o projeto de Deus. Eu era catequista, ministro da eucaristia e me preparava para entrar no seminário. Eu tinha menos de 15 anos quando todos esses sonhos efervesciam em mim.

Minha mãe foi à palestra. E a palestra cumpriu o seu objetivo.

Foi lindo fazer uma viagem no tempo e trazer ao tempo presente a história da salvação. O chamado de Abraão, o pai das três grandes religiões monoteístas. A promessa de Deus de que daria uma descendência mais numerosa do que as estrelas dos céus e as areias do mar. A história de Isaac e de Jacó. A prisão e os sonhos de José. A voz de Moisés convencendo o povo a deixar a escravidão, a enfrentar o mar e a acreditar na Terra Prometida. E os reis do povo de Deus. E os profetas. E a preparação para que, na plenitude dos tempos, o filho de Deus viesse ao mundo para explicar ao mundo que somos mais do que o mundo. Para fazer a ponte que nos leva para o alto. Para dizer o maior de todos os mandamentos: o amor, o amar.

Terminei a palestra e recebi o carinho de muita gente, gente da minha cidade e de outras, que ali buscavam a leveza da palavra de Deus. Minha mãe veio em minha direção, sorrindo, amando, e me disse: "Filho, eu descobri a sua vocação." Eu sorri o sorriso dos alívios, ela entendeu, então, que eu precisaria deixar tudo para ser padre. Mas não foi esse o seu dizer. "Filho, você nasceu para ser professor. É impressionante como você sabe contar uma história, envolver, explicar, emocionar." Naquele dia, padre, eu não gostei da conclusão dela; eu só pensava em ser padre.

Hoje, eu sinto que eu nasci para ser professor. Que eu encontro o meu lugar no mundo em uma sala de aula. Que eu me realizo quando apresento aos meus alunos as janelas das possibilidades. Professor e escritor. Dois ofícios que me engrandecem porque, com eles, posso ser servidor da palavra. A palavra, presente de Deus, para dizermos o bem.

Embora haja palavras também usadas para o mal, não sei se estou certo ou errado, padre Patrick, mas não acredito no mal essencial. Não acredito na dualidade Deus e Belial. Só há Deus e a ausência. Acredito que muitas pessoas passam a vida vivendo o mal, vivendo a perversidade. Não sei se é ingenuidade minha, mas, para mim, essas pessoas escolhem o mal porque não conhecem o bem. Ninguém, conhecendo o amor, escolhe as sujeiras. É por isso que digo das infâncias.

Estamos vivendo uma guerra na Faixa de Gaza. Uma, não. Há várias guerras eclodindo no mundo. Fico imaginando o que uma criança palestina pensa dos judeus e o que uma criança judia pensa dos palestinos. O ódio dos dois lados não nasceu com as crianças. Foi o que elas aprenderam. Foi a dor que fez brotar nelas a intolerância, o desejo de vingança.

Armar as crianças ou amar as crianças? Palavras tão próximas, significados tão longínquos. O papa Francisco tem falado muito sobre os horrores das guerras. Sobre a mancha de ódio nos amanheceres da humanidade. Crianças são amanheceres da humanidade.

Há outras guerras, também. Guerras silenciosas dentro das casas. As estatísticas sobre as violências contra crianças são assustadoras.

Dentro de casa. Meu Deus, a casa, que deveria ser o primeiro espaço de aconchego. A casa, que deveria ser o celeiro do amor. Onde se plantariam os futuros corretos. As aprendizagens começam com os exemplos.

Eu sou grato a Deus pelos pais que eu tive. Pelos gestos de bondade que foram forjando o meu caráter, pela fé que eles abraçaram, mesmo nos momentos de dor.

Padre, eu lembro o velório do meu irmão Savio, que morreu aos 21 anos, em um acidente de carro em que eu estava. A dor foi tão forte. Meu pai olhava para o filho no caixão e agradecia a Deus pelo tempo em que ele pôde conviver com um filho tão amado, tão generoso, tão especial. Eu estava com o corpo engessado e com a alma pequena naquele dia.

Eu tinha 15 anos. Foi um pouco antes de eu começar a minha vida no seminário. Minha mãe chorava o mundo inteiro naquele dia de dor.

Anos depois, morreu meu outro irmão, o Junior. Ele tinha síndrome de Down e era a bondade brincante da nossa vida. Mais uma despedida. Mais um cortejo subindo a subida íngreme que nos leva ao cemitério de Cachoeira Paulista. E meu pai novamente em oração. Nunca em revolta. Não era um homem de lamúrias, embora vivesse naqueles dias o cortante da dor mais cortante, enterrar um filho, enterrar dois filhos.

Minha mãe demorou a aceitar o sorriso. Dizia da fraqueza diante do fardo forte. E chorava. E rezava. E falava com Deus para que suas duas sementes, nascidas de seu ventre, fizessem perfumar os jardins do Céu.

Tempos depois da morte do Junior, morreu meu pai.

E, mais uma vez, minha mãe abraçou a dor e chorou a partida.

Eu lembro nossa volta do cemitério. Do sentar na cama em que eles dormiram juntos a vida toda. Em que fizeram amor. Em que sorriram os filhos que chegaram e choraram as partidas. Lembro o seu olhar para mim dizendo que não aguentaria. Lendo alguns bilhetes de amor que ele desenhava para ela. Quase quarenta anos de casamento. E eu apenas disse: "Chore, mãe, chore, mas agradeça." E prossegui dizendo a felicidade de ter encontrado o amor de sua vida. Os dois eram muito diferentes. E completamente apaixonados um pelo outro. Como era lindo ver o quanto se cuidavam. O quanto amavam se amar.

Esses gestos de amor nunca foram embora de mim. Tive uma infância conhecedora da caridade. Meu pai construiu um asilo para os velhinhos pobres da cidade. Ele, que havia sido muito pobre na infância e foi construindo sua vida e crescendo e se estabelecendo conforme suas escolhas. Ele sentia dentro dele a alegria do dar, do ajudar, do oferecer amor.

Quando penso na alegria, padre Patrick, não penso no riso descompromissado com o arar a terra, com o plantar o plantio correto, com o corrigir os erros, com o compreender que os chãos são capazes de ferir nossos pés. E que nossos pés feridos não podem impedir nossos olhos de olharem os céus. A jornada tem poder cicatrizante quando se olha os céus.

A vida tem um nascer e um renascer constante.

Dizia Fernando Pessoa:

> Sinto-me nascido a cada momento
> Para a eterna novidade do mundo

É a alegria que nos oferece esse nascimento. Esse nascimento de todo dia. Todo dia a manhã explica o dia que nasce. E com a manhã nascemos nós. Nascemos para a eterna novidade do mundo. Nascemos para os cotidianos iguais e diferentes. Únicos. Todo dia o dia vai embora. Todo dia tem pôr do sol. E todo pôr do sol é único. Todo dia. Todo dia é dia de aprender a não se prender ao dia. Nem ao dia nem a nada, tudo passa.

66

Todo dia é dia de aprender a não se prender ao dia. Nem ao dia nem a nada, tudo passa.

— Gabriel Chalita

É de Cecília Meireles a preciosidade deste ensinamento:

Não queiras ter.
Nasce bem alto.
Que as coisas todas serão tuas.
Que alcançarás todos os horizontes.

Amigo, volto a Guimarães Rosa:

Deus nos dá pessoas e coisas, para aprendermos a
alegria...
Depois, retoma coisas e pessoas para ver se já somos
capazes da alegria sozinhos...
Essa... a alegria que Ele quer.

As despedidas são incomodativas. Das pessoas e das coisas.
Mas é assim que é. Não temos o senhorio sobre o tempo da
permanência. Temos o senhorio sobre o que fazer no tempo
da permanência.

Quando penso nos meus pais, penso com a alegria. No
início, quando partiram, não foi assim. A dor é dorida. Imaginar um mundo sem eles. Um aniversário sem eles. Uma
conquista sem eles. O tempo não nos deixa comandar, mas
nos autoriza a aprender. O tempo foi ensinando que não
seria um mundo, um aniversário, uma conquista sem eles.
Que eles estariam sempre. Hoje eu sei que estão. Hoje
eu sei que o inverno não é a morte de nada; é apenas a
pausa, apenas o aguardar da primavera. Na primavera de
Deus, moram os meus pais e moram os meus irmãos —
na primavera de Deus e dentro de mim. Quando escrevo

sobre eles, escrevo renascendo em mim as cenas da vida orquestrada por eles.

Como era bom voltar da escola e ver minha mãe na porta de casa me esperando. Eu corria os degraus da escada para ganhar um abraço que não desabraçava nunca. E depois a conversa. E o colo. E a vida vivendo com eles. Como era bom ter a inocência da criança que, na igreja, perguntava: "Pai, o que o senhor está pedindo a Deus?" Meu pai, que estava de olhos fechados, ajoelhado diante do sacrário, abria os olhos e o sorriso e me dizia: "Estou agradecendo, meu filho, apenas agradecendo. Deus é muito bom." E, então, me abraçava como parte da oração. Como esquecer aqueles dias, aquelas manhãs da minha vida?

Faz tanto tempo do tempo da minha infância e o tempo da minha infância está inteiro em mim. Por isso dedico minha vida a ser professor, a professar a crença de que uma infância sem amor é uma infância desperdiçada. E não temos o direito de construir mundos deixando mundos para trás.

Querido padre, quero terminar este meu primeiro dizer nesta nossa conversa agradecendo.

Agradeço o dia em que te conheci. Sua simplicidade. Sua leveza. Sua honestidade em dizer suas dores e seus medos também. E sua escolha de levar a alegria para as pessoas. É um viver a alegria da Carta aos Filipenses, uma carta sobre a alegria.

Alegrai-vos sempre no Senhor. Repito: alegrai-vos!
Seja conhecida de todos os homens a vossa bondade
(Filipenses 4,4-5).

Ou ainda:

Em todas as minhas orações, rezo sempre com alegria,
por todos vós (Filipenses 1,4).

Amigo, é assim que te vejo. Não um padre perfeito. Longe
de nós esse horror da síndrome da perfeição. Creio na imperfeição como uma dádiva de Deus aos homens. Nos sabermos
imperfeitos nos ensina a compreender a imperfeição dos
nossos irmãos e a beleza de um mundo mais belo quando
caminhamos de mãos dadas.

Vamos caminhar pelas páginas deste livro, amigo?

Vamos compartilhar um pouco das nossas vidas, das
nossas experiências de amor, de dor, com os nossos irmãos
leitores?

Quero conhecer mais sua história. Sua infância. Sua
vocação. Sua alegria no exercício do sacerdócio.

Já vou preparar o meu coração para receber seus dizeres,
afinal, como ensinava meu pai, ouvir é amar.

66

Creio na imperfeição como uma dádiva de Deus aos homens. Nos sabermos imperfeitos nos ensina a compreender a imperfeição dos nossos irmãos e a beleza de um mundo mais belo quando caminhamos de mãos dadas.

— *Gabriel Chalita*

Vou preparar também um café. Você gosta de café? Eu gosto do café e da metáfora da fumaça que sobe.

A conversa nos aquece e nos eleva. E nos faz aconchegar o dia em qualquer tempo. Porque, depois da manhã, vem a tarde e, depois, vem a noite. E uma amizade é bem-vinda em todos os tempos, todos os dias.

Até breve.

Querido amigo Gabriel,

Penso que a escuta é um dom, e cada vez mais raro. Nestes onze anos de vida sacerdotal, uma das coisas que mais fiz foi escutar. Escutei tantas histórias que, sem dúvida, formaram o padre que hoje sou, cada uma delas um caquinho deste grande mosaico.

Sabe, amigo, quase ninguém nos procura para contar coisas alegres. Na maioria das vezes, são tragédias, dramas, pecados ou as cruzes que pedem para serem compartilhadas. Às vezes, me sinto tão impotente que, enquanto escuto, vou pedindo ao bom Deus que me inspire por palavras. Mas já descobri que não são discursos catedráticos ou bem elaborados que cabem nesses momentos. É o contrário: é preciso sensibilidade, delicadeza de atenção, aquelas coisas que sobravam em Jesus.

Quantas vezes, depois de uma longa conversa na qual o único que fiz foi ter empatia e me sensibilizar sem ter dito absolutamente nada, eu escuto um "muito obrigado".

Amigo, me acostumei tanto a ouvir que lhe confesso que fui me esquecendo do quanto era bom e necessário falar. Por isso, desde já quero agradecer por escutar as coisas que estão escondidas no meu coração e ansiosas para serem ditas. Confesso, também, que quase nunca falo de mim, das minhas angústias. As pessoas querem nos ver fortes sempre, não é mesmo? Padre é igual a avião, só rende notícia de verdade quando cai, então, às vezes, tenho desejo de momentos como este, de me sentir acolhido.

Muitas vezes, quando me senti como um vaso seco, já sem tanto para oferecer, precisei de ajuda, de abraço, de escuta e não encontrei ou mesmo não me permiti buscar. Acho que a escuta devia ser latente no coração de Jesus. O jeito como ele acolhia, o abraço de ternura, como o pai que abraçou o filho pródigo no retorno para casa. Não havia espaço para condenação, apenas para misericórdia. Me admira a atitude desse pai, que aguardou o retorno do filho para casa, sempre acreditou, nunca cansou de esperar — e a recompensa foi ter o filho nos braços.

Me perdoe se em algum momento eu não conseguir expressar tudo o que gostaria; trago comigo o anseio de muitos que, depois de um dia difícil, gostariam apenas do consolo, de ter alguém por perto que seja capaz de parar e olhar para nós, o dom de enxergar por dentro, um olhar para a alma.

Aprendi, querido amigo, a desenvolver as conversas sem palavras. Parece um pouco contraditória a ideia de falar sem falar, mas lhe garanto que muitas vezes é o que nos resta. Nos inúmeros velórios nos quais estive presente, testemunhando o momento mais agudo da dor humana, não eram as palavras o bálsamo sobre as feridas; era o abraço, era estar presente, simplesmente estar ali.

Lembro-me de um dia ter sido chamado para fazer uma oração num velório. Era um jovem de 22 anos que tinha sido eletrocutado, uma tragédia. Eu, que não conhecia a família, quando cheguei me deparei com aquele desespero, gritos, choro, muitas pessoas. Não havia nenhum sistema de som, e então eu tentei falar alto, mas não tive sucesso. O fato é que terminei o rito com a sensação de que aquilo não servira de absolutamente nada.

A vida seguiu. Dois anos depois, celebrei uma missa numa comunidade na zona rural. No final, uma senhora me abordou, dizendo que gostaria de conversar comigo. Ela queria que eu passasse a rezar missas na vila onde ela morava. Expliquei que ela deveria procurar a secretaria para agendar as missas, esses procedimentos comuns, mas ela insistiu, disse que não iria embora sem uma data. Eu não me senti pressionado, amigo; pelo contrário, enxerguei nos olhos dela um pedido de socorro. Marquei a missa e passei a rezar mensalmente naquela vila.

Depois de algumas visitas, um dia, eu cheguei um pouco mais cedo e fui tomar um café com aquela mulher. Foi aí que ela me contou sua história: "Padre, meu filho morreu de forma muito trágica, e eu me revoltei muito com Deus, perdi a fé. Mas você estava lá no velório, me deu um abraço, foi um alento naquele dia." Percebi ali que o abraço é cura. Eu abraço sempre, amigo, gosto de abraçar e de ser abraçado.

Aquela mulher conseguiu ressignificar sua dor. A lembrança do filho ainda é viva, a dor ainda é forte, mas ela hoje coordena uma igrejinha na zona rural, abraça outras pessoas; toda essa história foi fruto de um simples abraço.

No último encontro de Santa Teresinha com seu pai, depois de uma longa enfermidade que nunca foi capaz de tirar sua ternura, um se volta para o outro, ambos gravemente enfermos e, na tentativa frustrada de dizer algo um para o outro, apontaram o dedo para o céu, como se quisessem dizer "nos encontraremos lá". Talvez as palavras não conseguissem expressar o gesto que preencheu o coração de ambos.

Querido Gabriel, você nasceu em abril. Que grata surpresa, que providência! Foi nesse mês também que eu nasci, no início dele, mais precisamente no dia 2.

Eu sei, quase no dia da mentira. Ouvi tanto isso; as pessoas sempre falavam "quase que você nasce no dia da mentira", mas eu a superei, vim depois dela, porque sempre quis ser de verdade, sempre gostei da honestidade, da sinceridade, nunca me apresentei diante de Deus usando máscaras ou fingindo ser algo que não sou. Ao contrário, sou honesto com Ele. "Senhor, eu sou isto aqui, tão fragmentado, tão pequeno, mas ainda assim apaixonado por Ti."

66

O abraço é cura.

— Padre Patrick

Lembro que, no meu tempo de seminário, tinha uma plaquinha no banheiro com os seguintes dizeres: "Deus está vendo!" Não sei se aquilo era para nos coibir de algo (estou rindo sozinho neste momento), mas sempre me fazia pensar que não tem como se esconder de Deus. Ele nos vê o tempo todo, conhece o nosso coração.

Meu lema de ordenação foi uma citação do Evangelho de João, um diálogo profundo com o pobre Pedro:

> Pela terceira vez, perguntou a Pedro: "Simão, filho de João, tu me amas?" Pedro ficou triste, porque Jesus perguntou três vezes se ele o amava. Respondeu: "Senhor, tu sabes tudo; tu sabes que eu te amo" (João 21,17).

Me identifico com Pedro. Acho que no fundo ele queria dizer: "Senhor, não é o suficiente? Estou longe de ser o melhor, o mais capacitado, sou imperfeito e limitado, mas eu te amo." E isso era o suficiente; era necessário apenas que o apóstolo o amasse para que pudesse assumir a missão tão grande a ele reservada.

Já que estamos falando de conversar, gosto daqueles que são de verdade, daqueles que não usam pretextos ou enredos inventados para nos atrair. Prefiro os honestos, os que se apresentam como são, assim como Pedro.

Nossa vida é um dom, querido amigo. Creio que muitos, devido aos sofrimentos vividos, não conseguem mais entender isso. Eu mesmo já pensei assim, até que fui surpreendido por algo que preencheu meu coração, e tudo fez sentido. Demorei para encontrar, mas, quando consegui, nada mais foi como antes. Como dizia Santo Agostinho:

> Tarde te amei, ó beleza tão antiga e tão nova! Tarde demais eu te amei! Eis que habitavas dentro de mim e eu te procurava fora! Estavas comigo, mas eu não estava contigo.

Amigo, eu aprendi a valorizar o sorriso, entendi que a vida precisa ser leve e anseio convencer as pessoas dessa verdade. Não quero maquiar as mazelas vivenciadas, angústias e dores dos que padecem, mas você deve se lembrar daquela balança antiga que tinha dois pratos; ela é tida ainda hoje como símbolo da justiça. Consegue imaginá-la? Faça o exercício de colocar em um prato as coisas ruins, as enfermidades, os dramas existenciais, até mesmo as perdas; tenho certeza de que a balança vai pesar para um lado. Agora coloque no outro prato as coisas boas, o dom da vida, as amizades, a família, o sol que nasceu hoje para iluminar a Terra, os livramentos. Tenho certeza de que encontraremos motivos para sermos gratos.

Eu não tive uma infância muito feliz, não. Apesar de ter brincado muito e vivido numa época sem telas, tive experiências bem difíceis, que me fizeram conhecer, já nos primeiros anos, a tristeza. Sou filho de pais separados, e, apesar dessa separação ter acontecido ainda quando eu era um bebê, ela deixou marcas bem profundas.

Vivi meus primeiros anos num lugar bem pequeno no interior do estado do Espírito Santo. Aquela terra, querido amigo, ocupa um lugar tão especial no meu coração. Quando descemos a serra do Canaã até o pequeno distrito de Patrimônio, já começamos a ver as plantações de café, e o cheiro começa a predominar.

Eu adoro café, me traz tantas memórias afetivas, família reunida, família grande, por isso não eram pires e xícaras, pois tinha que ter muitos, eram os copos que sobravam do extrato de tomate, todos reunidos, jogando conversa fora, também a polenta que era quase sagrada semanalmente, pedia sempre para a mãe deixar a rapa da panela, eu adorava.

Essas coisas me provocam uma nostalgia sem fim, mas foi também ali que comecei a experimentar as dores da separação que me acompanharam por longos anos. A primeira delas foi a ausência do meu pai. Perdi o contato com ele e isso gerou uma lacuna que aos poucos se transformou em mágoa e me impedia de ser plenamente feliz. O perdão foi fundamental na minha vida, mas chegaremos a essa parte em outro momento, talvez com uma boa xícara de café. O fato é que, durante anos, eu deixei que o ódio dominasse meu coração de tal forma que isso me cegou.

Depois veio a segunda grande separação: a da minha mãe. Lembro que, quando eu estava com uns 5 anos e meu irmão com 4, ela, a essa altura sozinha, teve que ir embora para a capital para trabalhar e nós ficamos morando com nossos avós maternos. Penso que foi nessa separação que descobri o que era o amor. A ausência da minha mãe gerou um vazio tão

66

**Aprendi a valorizar o sorriso,
entendi que a vida precisa
ser leve e anseio convencer as
pessoas dessa verdade.**

— Padre Patrick

grande em mim (escrevo com algumas lágrimas caindo neste momento) que, com certeza, foi a primeira vez que chorei por alguém. Criança chora geralmente por algo — quando não tem o que quer, quando está doente, quando vai tomar injeção —, mas chorar por alguém é difícil. Foi minha mãe a primeira pessoa que me fez chorar de saudade.

A expectativa pela chegada dela era tão grande... Às vezes, demorava tanto que parecia uma eternidade. Eu me lembrava do cheiro dela, me lembrava do seu colo. A saudade é angustiante, você não acha, querido Gabriel? Foi, sem dúvida, a ausência dela que despertou em mim o sentimento do amor.

Quando ela voltava, era uma alegria, eu me sentia a criança mais feliz do mundo. Ela trazia presentes, mas o que mais importava mesmo eram aqueles finais de semana com ela. A distância entre a casa dos meus avós maternos e dos paternos era bem curta, coisa de uns 200 metros, mas, naquela época, parecia uma maratona. Esse trajeto é muito vívido dentro de mim; lembro que eu e o meu irmão íamos de mãos dadas de uma casa para a outra. Eu me sentia responsável por ele.

Eu não pensava em ser padre nessa época; nossa família não era religiosa a ponto de fazer me interessar pelo assunto, mas sempre vi em mim um cuidado com o próximo que talvez indicasse um Deus que eu ainda não conhecia. Sempre fui uma criança boa, de dividir e partilhar. Meus avós também eram bons, e eu os trago no coração.

Era tudo bem regrado, mas cercado de muito cuidado. A casa deles era aquele lar típico de avós, muita comida gostosa, os bolos, os biscoitos, mas era tudo controlado — inclusive, o tempo para brincar era marcado religiosamente: só podíamos sair para a rua às 16h e tínhamos que estar em casa às 18h.

Meu avô gostava de criar passarinhos, coleirinhos e canários. Eram tantas gaiolas — naquela época era normal, mas hoje me pergunto como, na minha inocência, eu normalizava aquilo.

Por falar nisso, a tristeza causa em nós exatamente a sensação de estarmos presos numa gaiola; não importa para onde voemos, sempre teremos a sensação de escravidão. Deve ser muito angustiante querer voar e ser impedido.

Foi nessa época que descobri o quanto gostava de bichos; penso que, se não fosse padre, eu certamente iria trabalhar com animais.

Lembro bem um dia em que estava tratando dos passarinhos, limpando a gaiola e colocando alpiste. Quando olhei para um deles, de repente, comecei a pensar em como seria sua vida fora dali. Então, num impulso, mas com muito medo do vô me ver, eu abri a portinha e deixei que o passarinho voasse. Amigo, foi uma das melhores experiências que eu tive até aquele momento. Eu o acompanhei até ele se perder do meu olhar.

Aquele passarinho havia nascido para voar alto, mas estava num lugar que não era onde deveria estar — exatamente como nós, que tantas vezes nos encontramos de certo modo presos apesar de podermos voar. Eu quero continuar a abrir as portas, quero continuar a permitir novos voos.

66

Tantas vezes nos encontramos de certo modo presos apesar de podermos voar. Eu quero continuar a abrir as portas, quero continuar a permitir novos voos.

— *Padre Patrick*

Às vezes, por palavras infelizes que escutamos ao longo da vida, inclusive vindas de onde menos esperamos, passamos a acreditar em coisas do tipo "você não presta", "você não vale nada, não será ninguém". Não acredite nunca nisso. Você nasceu para voar. Não permita que cortem suas asas. Nunca deixe de acreditar em si mesmo.

Eu tinha 7 anos quando, em busca de melhores condições para nós, minha mãe decidiu que iríamos embora para o estado do Pará. Essa foi a terceira separação da minha vida, agora da minha avó. Foi um chororô sem fim naquele dia. Quando o ônibus chegou no ponto, no meio da pracinha, a despedida foi cruel, mas ali se começava a escrever um novo capítulo da minha vida.

O fato, querido amigo, é que as despedidas deixam marcas, sejam elas motivadas por partidas ou, mais ainda, pela morte. No entanto, as cicatrizes nos modelam, fazem de nós seres humanos melhores.

Cada um é único

Querido padre Patrick,

Estou aqui lendo os seus dizeres e os sentimentos que nasceram em mim das suas palavras.

As suas despedidas. As separações. A criança que ia percorrendo o caminho entre a casa dos avós. Fiquei imaginando as cenas. Sua mãe tendo que partir. Sua mãe voltando. Sua mãe tendo que partir com você. Vocês partindo. Partindo partidos. Uma parte vai, a outra parte fica. Você foi de um canto a outro do Brasil. Do Espírito Santo ao Pará. Com você viajaram lembranças de criança, cheiro de terra, cheiro de lágrimas que nunca se despedem. Não que seja ruim. Tenho para mim, amigo, que as lágrimas são uma delicadeza que os olhos oferecem à alma para os alívios.

O que você sofreu, o que você sorriu, o que você aguardou ou aconteceu fez quem você é. É assim com toda a gente. É assim com cada um que é gente.

Não há duas pessoas iguais no mundo. Nem os irmãos. Nem os irmãos gêmeos. Nem os irmãos gêmeos univitelinos.

"

As lágrimas são uma delicadeza que os olhos oferecem à alma para os alívios.

— Gabriel Chalita

Que criatividade fascinante tem o Criador! Nem os polegares são iguais, quanto mais as personalidades.

Somos personas. Somos pessoas. E nossas personalidades vão sendo construídas com as vivências que temos. Com os abraços prolongados que recebemos. A mãe que perdeu o filho e que precisava de um abraço e você deu. Quanto amor cabe em um abraço, amado amigo? Quanto amor cabe em uma compreensão de que o outro precisa de presença? E que podemos ser presença e podemos ser abraço na vida do outro.

Quando você falou da sua infância e do percurso percorrido entre as casas dos avós, fiquei lembrando uma cena da minha infância em que eu saí de casa com 3 ou 4 anos. Saí de casa e fui caminhando até a casa dos meus avós. Lá moravam os pais da minha mãe e minha tia, única irmã da minha mãe. Ela tinha a feliz compreensão de me ler livros. Deitado em seu colo, ficava ouvindo a leitura.

Antes disso, amigo, eu naturalmente não me lembro bem, mas ela contava que com 1 ano eu ficava virando as páginas dos livros e repetindo "lê e lê e lê", e de Leila ela virou Lele. Minha tia Lele tem hoje 90 anos. Algumas vezes sua memória fica escapulindo e eu vou, então, contando histórias para ganhar novamente seus sorrisos. Eu percebo que, quando alguém pergunta alguma coisa a ela, imediatamente ela diz que não sabe. E fica triste por não lembrar. Então, eu começo a contar histórias de tempos atrás, errando propositadamente nomes, cidades, situações. E ela vai me corrigindo. E dizendo: "Como você não sabe? O nome dela era Jamile e não Samira. A Samira morava em São Paulo e não em Pindamonhangaba." E eu fico satisfeito de ir desnovelando sua memória e desacreditando sua incapacidade de lembrar.

Mas eu tinha esses 3 anos quando cheguei sozinho à casa deles. Minha avó ficou assustada. Como eu soube o caminho? Como eu saí de casa sem ninguém notar? E eu achava tão natural que fosse assim, que eu pudesse ir aonde me levassem os meus próprios pés. Os meus pés obedecem, desde sempre, ao meu sentir livre. Luto contra as amarras. Mesmo quando tenho que experimentar algum luto. Alguma morte necessária dentro de mim para que uma parte de mim possa recobrar a vida. Na minha memória, morte e vida convivem. E fazem aprendizados.

A memória, amigo querido, é um presente de Deus. Em nós moram compartimentos imensos de possibilidades. Nesses compartimentos, também moram sujeiras. Por isso, é preciso o tal banho de alma, que aprendi com a Teresinha, naquela igreja de que te falei em nossa primeira conversa.

Mas a construção da nossa memória depende das imagens que vemos, que vivemos. E da capacidade de separar o bom do resto. E de guardar o necessário para prosseguir. Quantos acúmulos poderiam ser descartados de nós?! Viveríamos mais leves.

66

As vidas são rasgaduras e costuras. Não há como viver sem se cortar. Não há como viver sem aprender a se costurar.

— *Gabriel Chalita*

Cada um tem o seu tempo para as costuras. Para as necessárias costuras.

Quando penso na singularidade, no fato de sermos únicos, penso imediatamente na riqueza da parábola do bom pastor. As parábolas de Jesus são pérolas que enfeitam nossa alma de bondade. Na simplicidade das histórias, a profundidade dos ensinamentos.

O pastor tinha muitas ovelhas. E uma se perde. O que faz o pastor? Vai embora, porque, afinal, tinha tantas que nem percebeu a que se perdeu? Não. O pastor, o bom pastor, conhece cada uma de suas ovelhas. Sabe os nomes. Sabe o que as diferencia e, por isso, percebe a que se perdeu e vai atrás dela. O bom pastor não desiste de nenhuma de suas ovelhas. Cada uma é digna de sua preocupação. Cada uma é merecedora de seu amor.

Não é assim com os pais que são bons? Mesmo que tenham cinco, seis ou dez filhos, como se usava ter antigamente. Não sabem os pais os seus nomes? Não sabem o que os diferencia?

É assim com os médicos e os seus pacientes. Podem ser muitos, mas o bom médico conhece cada um dos que precisam dos seus cuidados.

E, também, os professores. Os bons professores conhecem os nomes dos seus alunos. E as características. E os medos. E fazem de tudo para que sonhem os seus alunos. Os bons professores são despertadores e gerenciadores de sonhos. Ninguém gerencia o que não conhece.

Não desistir de ninguém, porque cada um merece fazer parte do pastoreio do amor, é o que aprendemos na parábola.

Amigo querido, fico preocupado, como educador, com a educação que não está educando para a vida.

Fico buscando explicações para o inexplicável erro de se imaginar que se pode educar na homogeneidade. Um erro crasso. Não há duas pessoas iguais, já dissemos. E parece haver concordância nisso. Por que, então, os pais não percebem isso quando comparam os filhos? Por que os professores não conseguem compreender que as aprendizagens acontecem de forma diferente em tempos diferentes? Por que os que lideram pessoas não conseguem perceber que a liderança é um exercício de autoridade, não de autoritarismo? Autoridade vem de autor. O líder faz com que os liderados sejam tão autores quanto ele no empreendimento comum em que trabalham.

Tive a honra de escrever a biografia do monsenhor Jonas Abib, um homem pleno de Deus. Ele ficou hospedado em casa alguns dias e ia dizendo a sua história e eu escrevendo. Nos emocionamos em muitos momentos. Em um deles, ele disse de uma reunião na congregação salesiana em que iam desligar um irmão que queria ser padre. Quase todos já haviam votado pelo convite à retirada. Os dizeres eram de que ele não tinha vocação. Que era disperso nos estudos. Que as notas não estavam a contento. O padre Jonas foi um dos últimos a falar e falou de um respeito tão grande ao

CADA UM É ÚNICO 53

irmão que queriam desligar que balançou aquele conselho antes tão cheio de certezas. Falou de uma inteligência prática, diferente de inteligências teóricas, do conhecimento do latim ou do grego. Falou de um amor profundo que brotava daquele irmão.

O conselho mudou de ideia. O jovem irmão daqueles dias é hoje um dos padres mais queridos da congregação. Ele tem uma obra social monumental na Zona Leste de São Paulo, cuida de milhares de crianças, jovens, velhos. Padre Rosalvino não cansou de me dizer que o padre Jonas viu nele o que nem ele mesmo via naqueles tempos de seminário. Padre Jonas era um líder, um líder amoroso, um líder que conhecia o sentido da autoridade.

Uma das marcas da personalidade do padre Jonas, feito depois monsenhor, era o sorriso. O seu sorriso era um convite a conhecer o que o fazia feliz. Era uma volta aos primeiros cristãos, na linda história contada nos Atos dos Apóstolos. Os que os viam sabiam que eles eram diferentes e ficavam impressionados com a capacidade que eles tinham de amar.

Amigo, nós temos o poder, o poder de ajudar as pessoas a se elevarem ou o contrário. Nós também temos o poder de roubar sonhos, de criar paredes onde luzes poderiam entrar, de incompreender o tempo e o espaço do outro. E, quando fazemos isso, vivemos de infelicidades. Ninguém é feliz fazendo o outro infeliz. Ninguém voa cortando as asas do outro. Ninguém se plenifica de amor se nega amor, reconhecimento, ternura ao seu irmão.

Diz o profeta Isaías:

> Porque és precioso aos meus olhos, porque eu te aprecio e te amo, permuto reinos por ti, entrego nações em troca de ti.
> Fica, tranquilo, pois estou contigo (Isaías 43,4-5).

Como é forte essa palavra. *És precioso aos meus olhos*. Como seria bom se nos sentíssemos assim, preciosos aos olhos de Deus.

Quantas pessoas desistem por não se sentirem amadas? Quantas pessoas desistem por não compreenderem a beleza de serem únicas?

Quem foi que inventou essa síndrome de perfeição? Quem foi que decidiu quem é o perfeito e quem são os imperfeitos? Quem foi que autorizou esses aborrecimentos, essa ignorância?

És precioso aos meus olhos. Do jeito que você é. E não de outro jeito. Você não precisa ser igual a ninguém. Você não deve ser igual a ninguém. Você não é igual a ninguém.

Parece óbvio, meu amigo, mas não é. As redes sociais, que têm muitas coisas boas, que são capazes de unir as pessoas, de criar vínculos bonitos em torno de temas bonitos de relações humanas, também trazem o horror de uma homogeneização do que seria a felicidade.

Só serei feliz se for igual ao outro que posta felicidade o tempo todo. Ledo engano.

As vidas são rasgaduras e costuras. Não há como viver sem se cortar. Não há como viver sem aprender a se costurar.

CADA UM É ÚNICO 55

É forte a palavra de Isaías. É decididamente forte e sábia: *porque eu te aprecio e te amo*. Como é bom ouvir isso. Como faz falta na nossa vida encontrar alguém que nos aprecie. Independentemente do nosso peso ou da nossa altura ou da nossa cor ou do penteado do nosso cabelo ou até da ausência dele. Independentemente do lugar em que nascemos e do que acumulamos ou não acumulamos. Como é bom poder descansar os nossos erros nos ombros de alguém, que nos ama não pelos nossos acertos, mas por sermos quem somos.

Eu não gostava de ser tão alto quando pequeno. Eu era o mais alto da minha turma do antigo primário. E as filas eram feitas colocando os menores na frente. Eu ficava sempre para trás. E, às vezes, era esquecido. Ou era assim que eu me sentia. Talvez o menor, o que estava na frente, quisesse ser mais alto, mesmo que ficasse mais para trás. Quem sabe as razões dos nossos descontentamentos? Talvez seja alguma ignorância nossa, talvez seja alguma insatisfação que nos impede de viver o banquete da vida. Da vida que nos foi dada por um Criador que nos diz *permuto reinos por ti, entrego nações em troca de ti*.

Se eu soubesse que eu valho mais do que reinos, do que nações inteiras. Se eu compreendesse que em mim moram mundos, eu certamente gostaria mais de mim mesmo.

Não é narcisismo, é a compreensão do existir humano, eu preciso gostar de mim. Hoje gosto da minha altura e gosto da minha idade. Gosto de viver a vida que vivo. Aprendi a dizer não, aprendi a dizer sim. Para mim mesmo, inclusive. Gosto do canto do mundo em que canto a canção da existência.

Gosto da lembrança da pequena cidade onde vivi e da grande cidade onde vivo. Gosto dos que me cercam, porque aprendi a me cercar dos que gostam do conviver.

Cada um, amigo querido, precisa aprender a gostar de si mesmo.

O mandamento que resume os mandamentos todos não é amar a Deus e ao próximo como a si mesmo?

Poderia ser apenas amar a Deus e ao próximo. Mas é mais profundo. É necessário que nos amemos, como filhos de Deus, como obras de Deus, como seres únicos que habitam o mundo.

E amar a nós mesmos, mesmo nas tempestades, mesmo nas inseguranças, mesmo no medo. "Fica tranquilo, pois estou contigo." Se essa palavra nos fizesse plantio, colheríamos uma vida melhor.

Um dia desses conheci uma mulher cheia de fé, cheia de vontade de viver. Ela foi contando os seus calvários. Descobriu um câncer. As filhas estavam com ela quando ela dizia da cirurgia. O marido, também. Eles disseram que, quando ela acordou da anestesia e viu os olhares preocupados, virou para o marido e disse: "Fique tranquilo, meu amor, você ainda tem um para brincar", se referindo ao seio que não fora retirado na cirurgia. Uma das filhas dizia do sorriso da mãe brincando com o pai, do quanto a vontade de viver daquela mulher trazia tranquilidade para todos eles.

Eu acredito, padre, que a palavra de Deus é para ser entranhada e vivida. Por mais que erremos. Por mais que tenhamos que ressignificar as nossas aprendizagens. Essa mulher viveu ali o ensinamento contido em Isaías.

É preciso acreditar que, depois da noite mais prolongada, tem o amanhecer. Que, depois da chuva mais inclemente, tem sol, tem luz, tem aquecer. É preciso sentir e compartilhar esse amor.

Em sua missão de sacerdote, você experimenta constantemente a entrega, o cuidado, o amor. Eu experimento também em meu ofício de professor. Eu experimento o desafio de conhecer cada um dos meus alunos e de convencer cada um deles de que nasceram para a alegria, para a felicidade. E isso não é uma criação minha, querido amigo. Aristóteles elaborou uma escola, o Liceu, para ensinar às pessoas o caminho da felicidade.

Como eu gosto de encontrar alunos que conviveram comigo e que foram andar depois para lugares distantes. E, nos encontros, as conversas. E as lembranças dos tempos em que compartilhamos saberes e afetos. Alguns dizem coisas que eu dizia nas aulas de que nem me lembro.

Um dia desses, encontrei uma mulher que se aproximou de mim com muito carinho e foi querendo saber se eu me lembrava dela. Como ela havia me chamado de professor, eu disse que certamente ela havia sido minha aluna e pedi que ela me ajudasse na lembrança. Ela disse que era impossível eu me lembrar. Ela havia sido minha aluna no sexto ano de uma escola de educação básica, havia muito tempo. Era criança. Era diferente. É o que ela mesma dizia. Eu brinquei sobre

58 CONVERSAS SOBRE ALEGRIA

o tempo que brinca com a gente. E ela contou uma história que eu havia contado à época sobre um urso que morava em uma floresta e que tinha tempos de hibernar e tempos de viver. Eu não me lembrava da narrativa inteira da história. Ela, sim. E ela disse que, em muitas situações da vida, lembrou que era preciso hibernar e, em outras, que estava pronta para sair da toca e ser ela mesma. Apresentou sua filha, que estava exatamente no sexto ano, e disse que esperava o dia da minha aula para ver o que seria.

Meu Deus, que presente! Que presente para um professor saber que, ao professar sua crença no humano que vive em todo humano, encontra terras férteis. Encontra, também, desertos e alegrias.

É possível romper desertos. Ninguém está perdido. Ninguém.

Quanto ensinamento no milagre de Caná da Galileia. A mãe de Jesus percebeu que eles não tinham mais vinho. Ela percebeu porque prestou atenção. Ela percebeu porque todo ser humano é digno de atenção. E, então, pediu ao seu filho. E ele fez da água, vinho.

O vinho traz o simbolismo da alegria na hermenêutica bíblica. Era como se Maria, a mãe zelosa de Jesus, tivesse percebido que havia acabado a alegria. Então, ela pede ao filho o milagre da alegria. O milagre de fazer com que aquelas pessoas que desaprenderam o sentido da festa da vida voltassem a viver a alegria.

Como é simbólico e atual esse ensinamento, amigo. O que se pode fazer quando acaba a alegria? Como prosseguir vivendo? Como prosseguir convivendo sem a alegria?

Eu já tive muitos desânimos na vida. Já tive que disfarçar a minha dor para entrar em uma sala de aula ou em uma palestra ou em uma reunião e prosseguir.

Gosto da versão do Djavan para a música de Chaplin que poetiza o sorriso.

> Sorri
> Vai mentindo a tua dor
> E ao notar que tu sorris
> Todo mundo irá supor
> Que és feliz...

Parece forte a expressão *mentindo a tua dor*. E é. E não se trata de mentira. Trata-se de uma crença de que o caminho tem um poder cicatrizante nas feridas abertas que doem nos pés que nos levam.

Parar não cicatriza. É preciso prosseguir. Não digo que não devamos viver os lutos que as perdas nos oferecem. Ou as pausas. Temos o direito ao não fazer, ao aguardar, ao anunciar o tempo das esperas. E isso também é uma forma de prosseguir. De confiar no tempo. De aguardar os dias menos chuvosos. As embarcações até podem ficar nos portos esperando tempos melhores, mas elas precisam saber que não foram feitas para o atracadouro. É no oceano que está nossa vocação, amigo.

Nascemos para o navegar.

66

Parar não cicatriza. É preciso prosseguir. Não digo que não devamos viver os lutos que as perdas nos oferecem.
Ou as pausas. Temos o direito ao não fazer, ao aguardar, ao anunciar o tempo das esperas. E isso também é uma forma de prosseguir.

— *Gabriel Chalita*

Naveguemos juntos então, querido padre Patrick, naveguemos nestas páginas, naveguemos em nossa amizade, naveguemos juntos na embarcação da vida.

Somos únicos e, na unicidade que somos, compreendemos e respeitamos a unicidade do outro.

Somos únicos, mas vocacionados para o caminhar de mãos dadas. As mãos do amor ou da amizade. As mãos do companheirismo em um mundo tão grande.

Aguardo com alegria sua fala, sua fala sobre sua vocação de padre. Como tudo começou, querido amigo? Quando você sentiu esse chamado tão lindo? Como você faz para ressignificar a intenção primeira de ser todo de Deus? E, sendo de Deus, ser capaz de ajudar a cada um que de você se achega a encontrar um pouco de alívio, um pouco de luz?

Receba meu abraço carinhoso e minha alegria por podermos conversar.

Querido amigo Gabriel,

Que alegria poder retomar nossas conversas.

De fato, as despedidas marcaram profundamente a minha vida, mas também me formaram. Elas são como cicatrizes no corpo, não doem mais. Embora as lembranças sejam inevitáveis, cada ponto da cicatriz é uma parte da minha história.

Por falar em cicatriz, poucas pessoas sabem, mas tenho uma enorme no braço direito; foram mais de cinquenta pontos. As pessoas que a veem sempre perguntam se eu sofri um acidente de moto, e eu digo que não. Eu na verdade não ando de moto.

Eu estava no seminário, cursando o segundo ano de teologia, e morava em Belém do Pará quando decidimos adotar um cachorro para cuidar de nossa casa. Um amigo nos doou um fila enorme, o Beethoven. Fiquei encantado por aquele cachorro, por seu porte bonito. Mesmo sendo bravo, todos os dias eu fazia carinho nele pela grade, levava comida, água, e então comecei a perceber que ele já não latia para mim como no início.

No quinto dia em que ele estava conosco, decidi entrar no local onde ele ficava para limpar. Aquele "bandido" deixou que eu catasse toda a sujeira. Depois disso, pedi aos outros seminaristas que trouxessem água para eu lavar o espaço. Nesse meio-tempo, eu, achando que já éramos amigos, me aproximei dele para fazer um carinho. Foi um erro grave: ele agarrou meu braço com tanta força que o dilacerou. Precisei ficar um mês internado e passei por duas cirurgias para ligar os tendões.

Foi uma experiência marcante para mim. Arrisco dizer que, se aquele acidente não tivesse acontecido, eu não teria me tornado padre.

O ano estava bem difícil; eu tinha enfrentado algumas despedidas de amigos queridos de uma vida inteira que estudavam comigo no seminário, e aquele mês que passei internado foi, de fato, um deserto de lágrimas, de abandono... Não sei você, meu amigo, mas quando meu corpo adoece eu me vejo numa carência com tons de drama, parece que a morte é iminente.

No entanto, no período que passei no hospital, tive a oportunidade de conviver com alguns doentes e de alguma forma consegui me aproximar de suas vidas e histórias. Era exatamente o que Jesus fazia, com sua pedagogia certeira. Quando encontrava pessoas doentes, a dinâmica era sempre esta: Ele via a pessoa, se aproximava dela e a tocava.

Caro amigo, estamos vivendo em um mundo em que as pessoas não enxergam as outras. Passamos pela vida e não nos damos conta de nada, incapazes que somos de ver quem está ao nosso redor. Às vezes, dentro de nossa própria casa existe uma cegueira espiritual que nos impede um olhar atento para o outro. Também não temos mais o hábito de nos aproximarmos das pessoas, de estar junto, de estar perto. É a cultura do distante enraizada em nossas casas, na sociedade.

Eu tenho prazer em estar perto das pessoas. Quando esta loucura começou a acontecer — este reconhecimento, que não era presente nem nos meus sonhos —, comecei a viver de forma frenética, querendo e tentando em vão conciliar tudo: paróquia, viagens, entrevistas, família. Eu tinha a sensação de nem estar vivendo, apenas honrando compromissos. E, então, a correria me fez começar a negligenciar algumas pessoas, me impedindo até mesmo de estar presente para minha família. Eu pouco os visitava, e as justificativas eram vãs. Na verdade, não havia justificativa; era questão de me organizar, rever minhas prioridades e passar um tempo de qualidade com eles.

Um dia, recebi uma mensagem de texto da minha irmã, e cada palavra foi um tapa na cara. No fundo, o que ela queria dizer era que estava com saudade de mim. Talvez ela estivesse vivendo o medo de uma nova partida. O que eu sei é que aquela mensagem foi o suficiente para eu voltar atrás e rever minhas escolhas. Eu amo minha família; eles são minha prioridade.

Não temos nenhuma certeza do nosso próximo instante, querido amigo. Pode ser uma máxima, uma frase feita, mas é uma grande verdade. É por isso que precisamos nos aproximar, olhar para os nossos. Precisamos nos revestir de compaixão.

Me recordo de um dentre tantos dias de atendimento na secretaria da paróquia. Geralmente são horas de grande exaustão psicológica, mas, ao mesmo tempo, de grande valor. Nesse contato, eu consigo me sentir útil ouvindo e tentando ajudar. Sempre peço ao bom Deus que nunca me deixe indiferente à dor de quem me procura para conversar.

Pois, nesse dia específico, uma mocinha, que devia ter seus 12 anos, entrou na minha sala com o olhar meio tristonho, o rosto um tanto desfigurado pelas dores que ela enfrentava. A menina sentou na minha frente e começou a chorar. Nesse instante, no meu coração, comecei a conversar com Deus, pedindo a Ele que me desse palavras de sabedoria. Eu sei que, em tais momentos, eu exerço um papel importante, capaz de mudar a rota de uma vida.

A primeira coisa que notei foi a roupa que ela estava usando. Era um moletom, muito estranho para a região onde moramos. Aqui nunca faz frio, amigo, não existem dias de temperaturas amenas; o calor se faz presente durante todo o ano. Não demorei para desconfiar do que ela queria esconder por baixo daquelas roupas. Quando passou o choro, a mocinha começou a falar, e eu percebi que ela puxava a manga da blusa, deixando à mostra seus pulsos cortados. Parecia um pedido de socorro, um grito de desespero. Eu sei que ela queria que eu visse.

Sabe o que mais me impressionou? Os pais nunca notaram. Moravam todos juntos, mas o pai e a mãe não se faziam presentes. Mesmo estando com a filha, eles não a enxergavam, eram indiferentes às suas dores.

Essa situação é tão atual, querido amigo, uma tragédia anunciada. Não existe nem mesmo dentro de nossa casa a compaixão, o olhar com interesse evangélico. As famílias de hoje não querem "gastar" tempo com o que realmente pode dar sentido à vida. São tantas telas, tantas ocupações, tantos afazeres, tantos e tantos e tantos, mas falta o principal. O tempo passa depressa e deixa para trás uma conta muito cara. No final da vida, será desesperador olhar para trás e perceber que não amamos o suficiente, que não vivemos o suficiente, que não olhamos para o outro o suficiente.

Eu ainda tenho o privilégio de ter três de meus avós, mas infelizmente o pai de minha mãe veio a falecer. A lembrança que eu tenho do vô Nezio é de um homem rude com todos. Ele não era dado ao carinho, ao amor; seus filhos foram criados num regime muito duro. Sempre escutei histórias de que ele batia, era rígido, fez a vó sofrer. Lembro-me de uma ocasião em que eu ainda era bem pequeno e morava com minha mãe na casa desse meu avô. Não me recordo ao certo do que fiz, mas ele correu atrás de mim com uma varinha de goiaba no meio de um cafezal. Quando me alcançou, parecia que minha vida tinha acabado.

Não trago nenhuma mágoa dele; muito pelo contrário, tenho boas recordações. Depois que nos mudamos para o Pará, temos o hábito de sempre voltar ao Espírito Santo para visitar os que ficaram, e, quando ele ainda era vivo, lembro que nos momentos de despedida ele sempre chorava. Eu comentava com minha mãe quando estávamos indo embora:

"Mãe, o vô deve ter uma culpa tão grande no coração..." Pedir perdão era difícil, mas não tinha problema, porque as lágrimas já diziam muita coisa. Afinal, naquele choro engasgado ele reconhecia tudo o que tinha feito.

Quando penso no vô hoje, sempre me lembro do seu quintal, com o rio passando no fundo, nos pés de jabuticaba, que com certeza são mais velhos que eu e produzem as melhores frutas que já conheci, e principalmente no moinho de cana que ele tinha. Quando íamos visitar meu avô, ele sempre colhia cana e as imprensava para nós. Costumamos dizer que a primeira impressão é a que fica, mas não concordo com isso. Para mim, fica a última. Eu acredito na mudança das pessoas, acredito que todos são capazes de mudar, acredito que todos merecem uma nova oportunidade.

Quantas vezes não nos permitimos dar ao outro a chance de se mostrar melhor? Imagine se Deus agisse assim conosco. Penso no que seria de nós se, a cada vez que o decepcionássemos, ele nos virasse as costas. Veja que Ele faz justamente o contrário: não se cansa de confiar, acredita na nossa mudança.

As lágrimas, querido amigo, são um dom. Chorar o arrependimento de nossos pecados, chorar por abraçar alguém que amamos, chorar de saudade, chorar por sentir compaixão por alguém que sofre ou mesmo chorar pelas angústias da vida. Longe de ser um sinal de fraqueza, as lágrimas são um indício de um coração tão humano que ainda não se consumiu pela frieza deste mundo.

Em sua carta passada, você me recordou a extraordinária parábola da ovelha perdida. Ela está presente no texto de Lucas, que é tido como o Evangelho da misericórdia. É impressionante a maneira como esse evangelista apresenta o Senhor. Jesus é movido por compaixão, e o relato sobre a ovelha que volta ao redil está no capítulo 16, que é considerado o coração do Evangelho de Lucas. Lá estão contidas as três parábolas da misericórdia: a do filho pródigo, que já foi citada aqui, a da moeda perdida e a da ovelha perdida. Em todas elas, se acentua a insondável misericórdia de Deus. Nada é capaz de detê-la, nem mesmo nossos pecados, nossa pequenez e nossas infidelidades.

Acho interessante a maneira como as histórias se desenvolvem. A parábola da ovelha perdida fala de um pastor que vai atrás daquela que havia se desgarrado do rebanho, ainda que para isso ele precise fazer uma escolha cruel, deixando todas as outras para trás. A lógica humana não consegue entender bem essa troca. Como pode? Abrir mão de todas as outras? Tudo por conta de uma só? Como pode alguém nos amar assim? Como pode alguém não desistir nunca? Talvez as pessoas já tenham se cansado daquele indivíduo, talvez ninguém acredite mais nele, nem mesmo as pessoas mais próximas.

Quantas vezes dizemos, diante de uma situação difícil, "só Deus agora"? Depois de ter tentado absolutamente tudo, reconhecemos nossa imperfeição e deixamos de crer. Pois Deus não se cansa e continua a acreditar. É por isso que reencontrar a ovelha desgarrada é motivo para festejar.

CADA UM É ÚNICO 69

66

Longe de ser um sinal de fraqueza, as lágrimas são um indício de um coração tão humano que ainda não se consumiu pela frieza deste mundo.

— Padre Patrick

Com a mesma intenção, o evangelista escreve a parábola do filho pródigo; falamos sobre ela na nossa primeira conversa. O pastor vai atrás da ovelha perdida, mas o pai não vai ao encontro do filho, preferindo esperar que ele volte. Isso não significa desinteresse em nenhuma hipótese; ao contrário, consigo pensar na angústia, dor e sofrimento do pai a cada hora em que o filho esteve longe. Às vezes, Deus nos espera e, em outros momentos, Ele vai ao nosso encontro. O certo é que Ele nunca desiste.

Essas parábolas me lembram muito o drama vivido por tantos pais, especialmente tantas mães, todos aflitos e angustiados esperando os filhos voltarem para casa. Quantas mães vão ao encontro dos filhos nas prisões, nas ruas, nas periferias da existência humana. Essas mães não cansam, não desistem. Todo mundo deixou de acreditar, mas elas não. Os joelhos no chão, cada Ave-Maria e Pai-Nosso recitados trazem um fio de esperança que resiste mesmo que tudo colabore para o contrário.

Eu tenho na paróquia uma grande colaboradora. O nome dela é Marcelina, e ela dirige uma de nossas comunidades. Talentosa na cozinha, a mulher faz um bolo de mandioca como ninguém. Ela me acompanha nas celebrações na zona rural, sempre disponível, com uma alegria cativante e uma fé inabalável. Teve quatro filhos, mas três deles já faleceram — dois foram assassinados e um morreu de acidente —, ficou apenas uma menina.

Pela lógica humana, seria justificável que Marcelina tivesse um desgosto pela vida, uma revolta contra Deus, que até mesmo deixasse de crer. Não é o caso dela, querido amigo.

Ainda assim, consigo sentir o drama quando sua filha, que é jovem, sai de casa. A angústia que ela deve sentir, só amenizada quando a moça retorna. Outro dia, a jovem sofreu um acidente, e a Marcelina me procurou, muito abalada, com medo de viver pela quarta vez o mesmo drama, aquela dor aguda que somente um pai ou uma mãe que perde um filho sente.

Tenho certeza de que a filha dessa senhora não substitui os irmãos, afinal cada filho é único. No entanto, pensar na perda da última cria poderia gerar nessa mulher um vazio muito difícil de ser preenchido. Como você bem falou, somos únicos, e cada um de nós traz uma essência irrepetível. É como se Deus fizesse a fôrma e logo em seguida a descartasse.

Assim que nos mudamos para o Pará, eu me lembro de ter ganhado da professora um livro chamado *Toca do tatu*. Eu estava na primeira série, ainda sendo alfabetizado, mas a capa daquele livro ficou guardada na minha memória; acho que simbolizava de fato uma mudança.

Eu me lembro de minha mãe nos ensinando as tarefas. Ela sempre levou muito a sério nossos estudos, cobrava muito. Para ela, era impensável tirarmos notas vermelhas. Minha mãe não tinha um jeito muito didático de ensinar; ela costumava juntar meu irmão e eu e fazia ditados para que soletrássemos as palavras, ou então tomava a tabuada. Bem na nossa frente, sobre a mesa, mamãe deixava uma colher de pau, a mesma que ela usava para mexer a polenta. Quando errávamos, ela dava uma colherada de leve na nossa cabeça; não chegava a doer, mas dava um certo pânico em nós.

66

Às vezes, Deus nos espera e, em outros momentos, Ele vai ao nosso encontro. O certo é que Ele nunca desiste.

— *Padre Patrick*

Meu irmão sempre foi muito bom em matemática; já eu, nem tanto assim — na verdade, eu era péssimo —, mas me destacava em outras matérias. Apesar disso, naquela época eu me comparava muito com ele, me achava menos inteligente. Ele era loirinho, tinha os olhos azuis, todo mundo que nos visitava dizia que o Maico era lindo. Eu, que nunca ouvia esse tipo de elogio, tinha ciúme.

Talvez naquela época tenha faltado quem me mostrasse o meu potencial, quem me dissesse o quanto eu era importante. Acho que esta é uma necessidade deste mundo, da educação de nossos filhos e alunos: convencê-los de que a vida deles é um dom, de que são irrepetíveis. Ter essa capacidade de marcar profundamente alguém a ponto de ajudá-lo a encontrar sua rota perdida é uma dádiva que não tem preço. Hoje consigo enxergar o grande potencial que existe dentro de mim, e meu maior desejo é ajudar outras pessoas a encontrar dentro de si essa verdade, principalmente aquelas que perderam o rumo, o sentido da vida.

Por falar em sentido da vida, querido amigo, não poucas vezes faço a mim mesmo uma pergunta cuja resposta é tão difícil que me tira da zona de conforto. O que dá sentido à vida? O que é alegria? Seria tão fácil se tivéssemos uma receita, ou um mapa que nos levasse diretamente a esse estado de espírito. Mas a verdade é que o caminho é estreito e tantas vezes não como imaginávamos.

No calendário litúrgico, duas vezes por ano usamos a cor rosa, que simboliza a alegria. Eu tenho uma única casula (aquela veste solene) rosa e penso que terei somente ela até o fim; usamos tão pouco que acho que ter mais de uma não faz muito sentido. O fato é que eu a adoro, adoro os dias em que uso a cor rosa nas celebrações. O que me chama a atenção é que nós a vestimos justamente em tempos de recolhimento interior, em tempos de penitência — no terceiro domingo do Advento e no quarto da Quaresma. É como se fizéssemos uma pausa no itinerário penitencial para viver uma felicidade de algo que está muito perto de acontecer — no Advento, é a proximidade do Natal, e, na Quaresma, a iminente chegada da Páscoa.

A liturgia nos ensina muito, parece ser um reflexo da nossa vida. Não é assim que acontece conosco? Em meio às lutas, às dores, à desolação, sempre existe uma pausa para um carinho de Deus, como o oásis em meio ao deserto. Acredito que Deus se manifesta sempre em sensibilidade, por isso é necessário desacelerar para senti-Lo e escutá-Lo.

Acho que descobrimos o sentido da vida quando passamos a valorizar o simples, o pequeno, aquelas coisas que antes não éramos capazes de enxergar por estarmos ansiosos demais esperando pelas coisas grandes. Quanto mais descomplicamos nossa vida, mais sentido ela ganha. Santo Agostinho dizia, com muita razão:

> Para os que creem, nenhuma explicação é necessária;
> para os que não creem, nenhuma explicação é suficiente.

Essas palavras fazem todo o sentido. Como é bom ainda hoje surpreendê-lo com coisas pequenas, como é bom encantá-lo com as realidades que nossos olhos não podem alcançar, pois somente o coração as sente. É como a delicadeza de arrumar uma mesa para uma refeição em família, por exemplo, preparada com tanto carinho que conseguimos sentir Deus ali. É como admirar a beleza da Criação, tudo tão perfeito que só pode existir alguém que rege tudo. É como encontrar alguém que será um consolo, por meio de um abraço ou de uma palavra. É ser grato a cada amanhecer pelo dia lindo e pelo dom da vida. Enfim, a felicidade consiste em coisas simples, em coisas pequenas.

Obrigado, meu amigo, por essas partilhas. Aguardo suas novas palavras.

66

Acredito que Deus se manifesta sempre em sensibilidade, por isso é necessário desacelerar para senti-Lo e escutá-Lo.

— *Padre Patrick*

>

O bom do conhecer

Querido padre Patrick,

Estou aqui com os sons dos seus dizeres. Com os mapas das cicatrizes que você descreve no correr dos anos. Você é tão jovem e já tem tantas marcas. Não só a do braço, causada pelo cachorro que talvez tenha sentido medo e que talvez não tenha compreendido o próprio medo.

O medo que faz parte dos humanos também. O medo que pode ser bom. Que bom ser cuidador das nossas ações e da nossa própria vida.

No hospital, você disse da solidão e disse dos pensamentos. Uma dor pode ser redentora, pode ser apresentadora de novos tempos, de novos comportamentos.

Na dor, nos conhecemos melhor. Porque estacionamos as velocidades. Porque paramos. Porque pensamos.

Fiquei imaginando você naquele hospital e o mundo existindo lá fora. E você um pouco fora do mundo para depois estar inteiramente dentro dele.

Eu sou parecido com você no tempo doído das doenças, das fragilidades, da carência. Enquanto escrevo esses dizeres, penso que hoje faz quatro anos que minha mãe deixou de dizer os mais lindos dizeres de se ouvir e se foi para viver com Deus. Hoje chorei, amigo. Acordei triste. Mas uma tristeza bonita. Lembrei a despedida... Lembrei a fé que a alimentou sempre. Agradeci por conhecer a saudade, a delicada saudade. Enquanto escrevo nesta conversa amorosa com você, penso nela. E penso no que jamais vai deixar de viver em mim. Um dia, nos olharemos de novo, as mãos se estenderão no mistério. Os véus que encobrem o que não sabemos deixarão de ser. E de alguma maneira poderei sentir o que eu sentia quando tinha o seu colo.

Quando fico doente, muitas vezes me deito na posição da lembrança do ventre materno. Como se eu buscasse a proteção que me falta.

Você diz da cegueira espiritual, da incapacidade de ver, do se aproximar, do permanecer junto. E dia, também, da cultura do distante.

Amigo querido, como eu aprecio a proximidade, como eu cultuo o bom do conhecer. Do estar junto. Do se alimentar da chama das brasas. Como nas antigas casas em que fogão a lenha aquecia mais do que a comida.

Quando nos conhecemos, falamos muito sobre a alegria. Não a alegria desconhecedora das aflições humanas, mas a alegria ensinadora dessas aflições, a alegria autorizadora da compreensão de que estamos na vida para os encontros.

Você me disse da menina de 12 anos que foi até você. A menina que estava cobrindo o corpo para esconder. A menina dos pulsos cortados, da automutilação, a menina carente dos encontros dentro da própria família. A família que deveria ser o altar dos encontros.

Não faz muito que conheci uma mulher de nome Generosa. O nome me disse alguma coisa e eu comecei a conversar com mais profundidade sobre as ausências no mundo do significado daquele nome. A generosidade é brisa que alivia o peso da vida e que prepara a vida para viver os encontros.

Ela não demorou a dizer sua história. Falou dos filhos. Falou do marido. E falou dos passados rudes. Ela tinha exatamente 12 anos, a idade da menina que foi ao seu encontro, quando começou a ser violentada pelo padrasto. Foram quatro anos de um filme interminável de medo, de nojo, de horror. Ela nunca conseguiu dizer à mãe. A mãe vivia doente, e ela temia aumentar aquela dor. No final, ela se arrependeu quando soube que a mãe era espancada por aquele homem. No final, porque a mãe não demorou a partir. Ela conseguiu a prisão do padrasto e partiu para o futuro. Quando foi dizendo a história, chorou. O tempo arrumou os seus sentimentos e a vida autorizou outros amanheceres. Mas aquelas noites escuras ainda fazem escuridão dentro dela.

Calvários, meu amigo. Imagino quantos calvários você escuta nas confissões. Quantas vidas sem vida, porque outras vidas esmagam, incompreendem, oprimem.

66

Na dor nos conhecemos melhor. Porque estacionamos as velocidades. Porque paramos. Porque pensamos.

— *Gabriel Chalita*

Você disse que acredita no ser humano. Que acredita que o ser humano possa mudar. Eu também acredito. Mesmo quando vejo os terrenos fétidos das perversidades, teimo em desmentir aquela visão com a utopia das sementes.

Somos semeadores, você e eu. Tenho certeza disso. Você, no seu sacerdócio. Eu, no meu magistério. Dizemos o amor nos nossos altares. Mesmo nos reconhecendo imperfeitos. Gosto das suas brincadeiras da preguiça vencendo você. São brincadeiras que aproximam as pessoas, que trazem identificação das lutas que travamos com os nossos comodismos.

Quero voltar ao bom do conhecer. Os antigos diziam que para conhecer uma pessoa é preciso comer um quilo de sal com ela. Um quilo de sal é metáfora do tempo. Eu preciso de tempo para conhecer o outro. Eu preciso de tempo para autorizar que o outro me conheça. Na sociedade dos apressados, conhecemos ninguém.

O Senhor nos conhece. O monsenhor Jonas Abib, de quem já falei, de quem falo sempre porque ele sempre foi um sinal de Deus na minha vida e na vida de milhões de pessoas que foram tocadas pela sua obra compôs uma canção que poetiza o Salmo 138:

> Tu me conheces quando estou sentado
> Tu me conheces quando estou de pé
> Vês claramente quando estou andando
> Quando repouso Tu também me vês.

A canção prossegue falando o que fala o salmo. Deus nos conhece. Desde o seio materno. Desde antes. Desde sempre. Deus nos conhece porque nos ama. E é o amor o movimento essencial para que possamos conhecer o outro, para que possamos ir ao encontro do outro.

Nunca esqueci, amigo, quando, nos encontros para escrever a biografia do padre Jonas Abib, ele confessou de uma forma tão simples, tão sincera, que o dom que ele pediu insistentemente a Deus foi o dom do sorriso. Ele estudava com os salesianos e era muito tímido. E muito fechado nele mesmo. Um dia, conheceu um jovem sacerdote, padre Guedes, que eu também conheci. E esse padre tinha um sorriso lindo, um sorriso que dizia às pessoas que chegavam perto dele que se sentissem à vontade, que ele estava ali para viver aquele encontro. Então, me disse o padre Jonas, o monsenhor Jonas Abib: "Eu pedi a Deus um sorriso tão bonito quanto o sorriso do padre Guedes." E eu te garanto, querido padre Patrick, que Deus atendeu o pedido do padre Jonas. Seu sorriso disse a centenas de milhares de pessoas ou talvez a milhões de pessoas em toda a sua vida: "Podem vir, eu estou preparado para esse encontro, eu estou preparado para pegar nas suas mãos e caminharmos juntos para o encontro com Deus."

Eu sei que é isso o que você faz. Com sua prontidão. Com sua alegria no servir à causa da sua vida, ser um homem de Deus no meio das pessoas. Ser um homem capaz de chorar as dores do outro e as suas próprias. Estamos autorizados a isso o tempo todo, o chorar. O chorar de saudade ou o chorar de compaixão pela dor do irmão. O chorar, entretanto, não impede o sorrir.

Você fala, amigo querido, da lógica dos homens e da lógica de Deus, quando comenta as parábolas da misericórdia. A lógica dos homens se perdeu da lógica de Deus. Queremos dar o troco. Queremos mostrar o nosso poder. Entendemos nada de poder. O poder é não precisar dar o troco. O poder é compreender a beleza de dar a outra face a quem nos feriu. O poder é o ensinamento do pai da parábola do filho pródigo. O pai que está de braços abertos e não de dedo em riste. O dedo em riste é para apontar as falhas, as escolhas erradas, os desperdícios. Os braços abertos, para acolher, para celebrar o encontro, para festejar a vida que prossegue depois de tantas mortes. Não que o pai não deva conversar com os filhos sobre os erros. Mas há algo que vem antes. O aconchego. Uma conversa nos espaços sagrados do aconchego tem um poder muito maior do que os ditos apressados de julgamentos.

Lendo os seus dizeres, fiquei com vontade de conhecer Marcelina e de comer seu bolo de mandioca. Fiquei silencioso comigo pensando na dor de Marcelina. Enterrar três filhos. Meu Deus! E prosseguir vivendo.

Eu conheci, na época em que eu era seminarista, uma mulher que fazia um lindo projeto social. Ela e o marido. Ela, o marido e os dois filhos. Um dia, um dos jovens que eles ajudavam entrou na casa deles para pegar dinheiro. Achou que a família estivesse viajando. Os pais estavam; os filhos, não. Quando foi surpreendido pegando o que não era seu, ele matou os dois. Os dois jovens filhos desse casal.

Foi uma comoção naquela cidade. A dor foi dividida naqueles passos duros rumo ao cemitério. A mãe acompanhava os dois caixões. E também o pai. E também as dúvidas naquelas pessoas todas. Eles não mereciam passar por isso. Por que esse jovem que estava sendo ajudado, que estava com uma outra porta aberta para sua vida, fechou a vida daqueles dois?

É difícil não se revoltar. Mas aqueles pais estavam em pé naquele enterro. E permaneceram em pé nos dias que se seguiram ao enterro. Aos que acharam que eles fossem mudar as atitudes, não ajudar mais as outras pessoas, enganaram. Transformaram a dor em amor. Adotaram duas crianças e prosseguiram ajudando os jovens em situação de vulnerabilidade. Um dia, eles foram visitar o jovem que matou os filhos. Que maturidade! É difícil demais conseguir perdoar em situações assim. Mesmo nos desertos mais doridos do existir humano, Deus está.

E Deus, que não decidiu sobre a morte dos filhos, é no que acredito. Deus nos deu a liberdade para o agir. Para escolher entre o amor e sua ausência. É triste quando escolhemos a ausência.

O que fez com que aquele jovem escolhesse a ausência? O que houve antes em sua vida? Que medos frequentaram sua mente naquele instante errado? Tirar a vida de alguém. Tirar a vida de pessoas que gastam a vida dando mais vida à sua? Eu acompanhei de perto essa e outras histórias de erros e de perdão.

66

Deus nos conhece porque nos ama. E é o amor o movimento essencial para que possamos conhecer o outro, para que possamos ir ao encontro do outro.

— *Gabriel Chalita*

Na semana passada, fui dar uma palestra no Recife. Foi uma noite linda. E, ao final, um jovem veio falar comigo. Ele, sua mulher e seus filhos. Ele estava emocionado. Ele tinha sido interno da antiga Febem de São Paulo, quando eu era o secretário responsável pela educação e pelos jovens em conflito com a lei.

Ele relembrou uma história em que eu dei a ele uma oportunidade dentro e na saída da Febem. Havia sido um pedido da sua mãe. Ele me disse que se transformou quando eu olhei nos olhos dele e disse que ele poderia contar comigo. Um dos seus filhos se chama Gabriel, foi um carinho dele com alguém que o viu além dos erros.

No mundo dos apressados, das soluções pouco profundas, nos esquecemos do bom do conhecer.

Eu disse que hoje, enquanto escrevo esta carta a você, penso em minha mãe. Acordei triste com a lembrança de 25 de maio de 2020. Estávamos no hospital. Estávamos havia cinco meses em uma UTI sendo muito bem tratados. Minha mãe, quando chegou ao hospital, chegou praticamente sem vida. Aos poucos, foi melhorando. No dia do meu aniversário, dia 30 de abril, ela estava muito bem. Cantamos na UTI celebrando a minha vida. Ela contou histórias da minha infância para as enfermeiras que cuidavam dela. Foi um dia lindo de aconchegos.

Hoje, fiquei olhando as fotos, amigo. E chorei de saudade. E chorei de gratidão. Minha mãe era um reservatório de amor. E me ensinou a beleza do amar. Quatro anos sem ela. Sem ela fisicamente. Sem seu colo. Sem o brincar dos seus dedos nos meus cabelos. Quatro anos sem o seu sorriso. Sem a festa bonita que ela fazia cada vez que eu chegava em casa.

Amigo, antes da morte da minha mãe, eu escrevi a peça de que te falei, que tem a expressão que aprendi com meu pai: "Ouvir é amar." Cheguei a ler para ela. A peça se chama *Sorriso de mãe*. Ela sorriu muito com as personagens que eu criei para explicar o sorriso.

O texto trata de um filho que vê a mãe doente e que faz de tudo para ter direito a um último sorriso da mãe. Para isso, ele vai relembrando as pessoas que eles encontraram na vida. A peça é cheia de humor, de alegria, porque os encontros são reveladores das singularidades humanas, das manias, das idiossincrasias. E é também cheia de emoções. Porque os perfumes convivem com os espinhos.

A primeira personagem é Cícero, um homem que conheci em Juazeiro do Norte e que me explicou o seu ofício: sentinela de velório. Ele riu quando eu disse que não sabia o que era um sentinela de velório. Era um homem tão simples que vivia a vida chorando as vidas que iam embora. Não havia um velório na cidade sem o choro de Cícero. Um dia a mãe, que morava em Palmeira dos Índios, em Alagoas, faleceu. E as irmãs do Cícero esperaram o sepultamento para só depois avisar. Tinham vergonha dele.

Quando ele contou essa história, me abraçou naquela igreja do Padre Cícero, chorando. "Eu não pude chorar minha mãe." E disse, sem ódio das irmãs: "Eu tenho muitos problemas, sabe? Elas não fizeram por mal."

A segunda personagem que o filho traz para ter o sorriso da mãe é Carmen, uma mulher de muita idade que conheci em uma igreja. E que me ensinou a amar o que temos e não o que perdemos ou nunca conhecemos.

A outra personagem era Iaiá, uma mulher que minha mãe conheceu, e que parecia carregar o peso da vida.

> Se eu estou boa?
> Estou péssima.
> Se eu dormi bem?
> Imagine. Este ano completam nove anos que eu não durmo.
> Não durmo um segundo sequer. Eu não durmo.
> O Joaquim, meu marido?
> Ixi! Vazou a noite inteira.

Quando li essa parte da peça para minha mãe, ela riu bastante. E disse que queria muito que estreasse logo para ela assistir. "É claro que eu me lembro da Iaiá, meu filho, a mulher que reclamava de tudo o dia inteiro, mas eu gostava muito dela." Ficamos elucubrando sobre o sentido do marido vazar a noite inteira. Eu insisti e minha mãe riu: "Sei lá, meu filho, Iaiá falava cada coisa."

Outras personagens da peça eram fotografias dos filmes da minha vida. Uma mulher que reclamava com o filho da comida do hospital, uma outra que tinha medo de avião e que foi visitar a filha do outro lado do país. Uma outra que estava doente e que os filhos queriam internar e o marido disse não. Que cuidaria da esposa até o último dia. Que não importava que ela não conhecesse mais, que a memória falhasse. Ele a conhecia e ele sabia que era ela a mulher que acendeu as luzes da felicidade em sua vida.

Eu li, padre querido, a peça para minha mãe. E ela viveu comigo aquelas personagens.

No dia da estreia, minha mãe já não mais estava. Foi minha primeira peça de teatro sem ela. Ela ia a todas as minhas estreias. Se arrumava. Gostava das pessoas elogiando sua beleza. Minha mãe era linda, amigo.

Sentimentos diversos estavam comigo naquela noite. Uma peça sobre mãe, sobre um filho que quer pela última vez o sorriso da mãe, e eu não tinha o sorriso da minha. Ou tinha. No lugar sagrado dos mistérios, eu tinha.

Padre querido, eu sou um escritor dos cotidianos. É assim que cumpro o meu ofício. É assim que saio de mim mesmo para ir ao encontro do outro, das suas histórias, dos seus sonhos, das suas misérias. Sim, somos miseráveis também. Impedimos muitas vezes o amor. Nos vestimos também de arrogâncias. Sim, falhamos, causamos machucaduras nos outros e em nós mesmos.

Somos também o filho pródigo, o que desperdiça a felicidade em busca dos erros. Pedimos nossa parte na herança, nossa inteligência, nossa capacidade de amar, e desperdiçamos tudo. E um dia recobramos a razão e voltamos para casa.

É preciso saber que temos uma casa para conseguirmos voltar. Se nos faltar o conhecimento, podemos ficar no vazio.

O filho pródigo sabia que tinha um pai e se lembrava da bondade do pai. Quando vejo os que se perdem e não voltam, fico tentando buscar compreensões. Quem recebe amor, mesmo que se perca, volta. É o plantio e é a colheita.

Você deve ter escutado muitas histórias de pais entristecidos por filhos desencontrados. Por jovens que perderam tudo quando perderam a si mesmos. Mães que vão, vestidas de dor, visitar os filhos nas cadeias. Pais que buscam tratamento para os vícios que corroem a vida. Eu tenho um amigo que fez de tudo para ajudar o filho a vencer a droga. O crack é uma droga barata com um poder devastador de destruir. O pai venceu. Faz alguns anos que o filho voltou à vida. Mas conheço mais de uma história em que o crack é que venceu.

Você pergunta: qual o sentido da vida? E eu devolvo a pergunta a você e a mim mesmo, e devolvo sempre. E quero prosseguir sempre perguntando qual o sentido da vida. Não tenho a ilusão da resposta. A resposta possível é viver.

É viver conhecendo. É viver conhecendo a vida e as vidas que cruzam com a nossa. Delicadamente.

Tenho cada vez mais tomado cuidado com o por onde ando. Pelos caminhos por onde ando. Sei da minha responsabilidade de caminhar o caminho certo, porque outros olham o meu caminhar, porque outros confiam em mim e caminham comigo.

Somos responsáveis pelos que encontramos nos nossos caminhos, padre. Sei disso com a convicção de que nós podemos ser sal e ser luz. Que podemos melhorar o sabor dos que caminham conosco e que podemos iluminar também tantas noites escuras que nos roubam o luar.

Gosto do luar. Ontem, eu vi a lua cheia. Eu vi e fiquei algum tempo sentado imaginando quantas pessoas em lugares tão diferentes estavam vendo a mesma lua. Fiquei pensando que aquela lua comunicava algo nas diferentes línguas. Comunicava o belo do ver. Os olhos foram feitos para ver. A alma, também. Eu ouvia, enquanto via a lua, os poetas que escreveram poesias inspirados nela. Os ouvidos foram feitos para ouvir. E também a alma.

Enquanto via a lua, eu sentia os amantes. Os que beijaram iluminados pelo luar. Os que se despediram dos seus beijos, mas que choraram as lembranças das promessas de amor quebradas. Tudo com o luar. Os sentimentos foram feitos para o sentir. E também a alma.

A minha alma, amigo querido, eu agradeço não ser pequena. Nela cabem os encontros com os outros que me oferecem aprendizado para o necessário encontro comigo mesmo. Que bom ter encontrado você, padre Patrick, neste caminhar de tantos luares.

66

Você pergunta: qual o sentido da vida? E eu devolvo a pergunta a você e a mim mesmo, e devolvo sempre. E quero prosseguir sempre perguntando qual o sentido da vida. Não tenho a ilusão da resposta. A resposta possível é viver.

— *Gabriel Chalita*

Querido amigo Gabriel,

Escrevo esta terceira conversa no dia da solenidade de Corpus Christi. O dia amanheceu lindo, típico do verão amazônico. Às sete da manhã, o sol já brilhava de forma intensa, nenhuma nuvem no céu. E o dia seria intenso como o sol devido às celebrações e procissões.

Na maioria das vezes, meu café não sai tão bom, mas hoje o milagre já começou cedo: estava ótimo. Depois de tomá-lo, me dirigi à igreja, fui até a capela do Santíssimo Sacramento, onde há um pequeno altar com uma imagem linda fixada a ele, da mamãe pelicano rasgando o próprio peito para alimentar seus filhotes. Meu olhar se voltou para aquela imagem, e contemplá-la foi minha oração nesta manhã.

Aprecio muito a oração contemplativa, aquela que não utiliza palavras, expressada no tão necessário silêncio em meio a esta cultura barulhenta. Perdemos o hábito de nos calarmos, de olhar, de contemplar, de admirar o belo nas coisas e nas pessoas. A meu ver, o belo nunca foi subjetivo, ele é real e está presente na criação de forma mais acentuada, mas também naquilo que foi feito pelas mãos do ser humano. É o encantar-se por uma obra de arte, por uma edificação, ou simplesmente pela força da natureza que sobrevive em meio ao caos.

A ave que desde o cristianismo primitivo se tornou símbolo da Eucaristia traz uma mensagem forte e necessária. O pelicano mostra que, se vier a faltar o alimento, ele cederá sua própria carne para que os filhotes não pereçam, assim como faz o Cristo, que não dá algo ou alguma coisa: Ele dá a si mesmo, se oferece, se entrega.

Neste tempo em que vivemos, quando não somos mais capazes do sacrifício, das renúncias que necessariamente deveríamos fazer, prevalece a cultura do desconhecido. Somos induzidos a viver uma vida sem sentido, sem entrega, não descobrimos que o amor se manifesta em primeiro lugar na doação de vida. Desconhecemos essa verdade e acreditamos no que é passageiro, naquilo que jamais poderá preencher o coração.

Quando li sobre sua tentativa de descrever a saudade que você sente de sua mãe e tentei mensurá-la, foi um pouco em vão; ainda que eu tenha sentido compaixão, não consigo saber o que de fato é esse sentimento, por ter minha mãe ainda. Mas os dizeres da sua mãe são tão vivos em sua lembrança porque ela conhecia você, ela sabia das coisas guardadas lá no íntimo do seu coração. Uma mãe conhece seu filho mais que ele mesmo.

66

Neste tempo em que vivemos, quando não somos mais capazes do sacrifício, das renúncias que necessariamente deveríamos fazer, prevalece a cultura do desconhecido. Somos induzidos a viver uma vida sem sentido, sem entrega, não descobrimos que o amor se manifesta em primeiro lugar na doação de vida.

— Padre Patrick

Parece que a vida faz das mães especialistas em diversas áreas: elas são conhecedoras da meteorologia, quando nos mandam levar a sombrinha porque vai chover, ainda que esteja um dia ensolarado como o de hoje; elas detêm o conhecimento da medicina, quando nos mandam não misturar certos alimentos (manga com leite, por exemplo); são capazes de receitar medicação inclusive, como água com açúcar para passar o susto, um horrível chá de boldo para indigestão, gargarejo com raspas do caule do cajueiro para dor de dente. Elas conhecem, sabem tanto que nos assustam.

Sabe o que eu penso, amigo? Que é quase um olhar divino. As mães enxergam por dentro, conseguem ver as coisas que ninguém mais vê. É por isso que confiamos tanto nelas, que acreditamos tanto.

Eu sei que você gostaria que as suas lágrimas fossem enxugadas pela sua mãe, que logo em seguida lhe daria um abraço que você jamais encontrará em outros braços e falaria exatamente o que você precisava escutar. Nossas mães nos encontram nas mazelas de nossa existência, alcançam aqueles lugares aonde ninguém mais vai. Elas conhecem bem o caminho para nos trazer de volta ao lar.

Mesmo sabendo que fisicamente vocês não mais se encontrarão, existem as lembranças, os ensinamentos, o gosto da comida que só ela sabia fazer, a sopa que ninguém sabe temperar igual, a polenta que ela fazia, com um sabor especial, ainda que a receita parecesse ser a mesma de todo mundo — fubá, água e sal.

66

Nossas mães nos encontram nas mazelas de nossa existência, alcançam aqueles lugares aonde ninguém mais vai. Elas conhecem bem o caminho para nos trazer de volta ao lar.

— *Padre Patrick*

No entanto, querido amigo, resta a você o principal: a sua fé, que gera no seu coração a esperança, que te faz acreditar na vida eterna. Você sabe que um dia se encontrarão para todo o sempre em um lugar onde a morte não existirá mais, nem a dor, nem o luto. Lá, no lindo Céu, você será mais uma vez abraçado. Enquanto esse dia não chega — de coração, eu espero que demore bastante para chegar —, vá vivendo esta longa estrada da vida, que nos convida a olhar para dentro de nós e para conhecer as coisas ocultas que suspiram por fluir, como um rio de água viva.

A história de Generosa me tocou profundamente. No meu ofício de sacerdote, eu atendo confissões desse povo ferido, que traz em si as marcas da cruz, e sempre procuro agir com ternura. A confissão é o encontro de um Deus tão grande comigo, que sou tão pequeno; é como se eu fosse uma gotinha no oceano, mas ainda assim ele insiste em me perdoar, vem ao meu encontro. Quem perdoa os pecados é somente Deus; sou naquele momento apenas um instrumento.

Às vezes, quando tenho um dia cheio de atendimentos, tenho a sensação de ter levado uma surra, como uma esponja que foi absorvendo tudo aquilo. Na verdade, existe algo que sempre me incomodou, que me deixa inquieto na confissão, com vontade de expulsar da minha frente o penitente. Me refiro, querido amigo, ao pecado de pedofilia. Como é doloroso ouvir isso, que sensação horrível. É revoltante ouvir o relato do agressor e me manter na posição em que estou, e é sofrido ouvir o relato da vítima. Posso imaginar o que Generosa viveu esse tempo todo.

Situações assim deixam marcas profundas, que na maioria das vezes nos fazem perder nossa identidade. Passamos a não nos conhecer, nos questionamos até que chega um momento em que não nos encontramos mais conosco.

As rupturas que eu vivi na minha infância, já mencionadas em nossas conversas, provocaram em mim, durante muito tempo, uma incerteza sobre quem eu era. Era como se eu não tivesse uma identidade, um valor. Demorei muito para ter consciência de minha dignidade, para compreender que minha vida é um dom. A falta de referências sobre o que estamos enfrentando dá origem a uma geração sem valores, são poucos os testemunhos de vida. Nossas crianças são levadas pelas correntes da internet, crescem sem personalidade, são educadas a copiar o que veem, e não poucas vezes as inspirações são precárias, vazias de valores.

Vivemos numa época em que mais do que nunca se pergunta: o que dá sentido à vida? Não temos uma resposta, não sabemos como chegar à plenitude, andamos errantes tentando preencher o vazio com mais vazio. Ainda assim, sonhamos com um mundo novo, idealizamos a civilização do amor, tão querida e desejada pelo Senhor Jesus. O livro dos Atos dos Apóstolos, uma pérola da Sagrada Escritura, narra os atos dos primeiros discípulos de Jesus. Nele é mencionada a primeira vez que os seguidores de Jesus são chamados pelo nome de "cristãos":

> Durante um ano inteiro conviveram naquela Igreja e ensinaram numerosa multidão. E foi em Antioquia que os discípulos, pela primeira vez, receberam o nome de cristãos (Atos dos Apóstolos 11,26).

Foram assim chamados porque se pareciam com Jesus — nos gestos, nas falas, no comportamento. Herdamos por graça esse nome tão sublime, mas não o honramos. Deveríamos viver a espiritualidade da Igreja de Antioquia, uma transformação do coração, um processo de autoconhecimento que nos leva cada vez mais a nos parecermos com o Mestre. É o que conhecemos por metanoia, palavra grega recheada de simbolismo para os primeiros cristãos que significava uma mudança de vida, o abandono dos velhos hábitos em nome da vida nova em Jesus. Tudo era transformado, as coisas antigas já não eram capazes de satisfazer o coração sedento.

Quem dera se nossos lares copiassem o ambiente de Antioquia, repleto de testemunhos de amor, bondade e perdão, e se aprendêssemos ali o quanto vale a pena seguir um ideal. Falta convivência para conhecer; a distância impede o olhar no olho, as telas roubam o lugar daqueles que estão perto.

A convivência gera um profundo conhecimento de alma; o conviver durante todo um ano foi o suficiente para uma comunidade inteira ser transformada.

Olhando para nossa sociedade, percebemos que é cada vez mais rara a convivência. Não sentamos mais ao redor da mesa para comer, para celebrar, não nos juntamos mais em nossas salas para rezar. Tudo isso é reflexo de um mundo agitado e corrido, em que nos esquecemos de fazer a necessária parada para rever a rota. Não existe mais diálogo, preferimos o brilho da tela do celular ao brilho do olhar do outro, preferimos as mensagens às conversas, preferimos as séries a conhecer a vida do outro ou mesmo a um olhar para dentro de si, tão necessário.

Sobre minha ordenação presbiteral, me lembro como se fosse hoje do frio na barriga, da empolgação, mas também do nervosismo, do turbilhão de sentimentos. Finalmente havia chegado o dia. Eu havia sonhado tanto com aquele momento, eu o via tanto em meus pensamentos, em certos momentos ainda longínquo, mas aos poucos se tornando real.

Eu estava no seminário fazia alguns anos, uma rotina que entendo ser necessária para formar o homem de Deus, mas ao mesmo tempo exaustiva. Tantos anos acordando na madrugada, a convivência com pessoas diferentes, as renúncias, as privações. Foram anos de provas, mas que haviam se findado.

Naquele dia, 27 de janeiro de 2013, eu acordei bem cedinho e fui ao salão cortar o cabelo — queria estar bonito, afinal era um dos dias mais importantes da minha vida. Depois acompanhei os preparativos. Havia muita gente envolvida: pessoas preparando o jantar, alguns organizando a liturgia, decorando a igreja. Tudo parecia transcorrer muito bem até que o horário foi se aproximando e o coração começou a palpitar.

Uma hora antes da missa na qual eu seria ordenado padre, eu estava tomando banho e foi justamente nesse momento que questionei a minha vocação. Comecei a pensar: *O que eu vou fazer logo mais será um compromisso para toda a vida. É isso mesmo que eu quero?* Então comecei a falar com Deus: "Senhor, existem pessoas mais inteligentes, mais santas, mais capazes do que eu, então, por que me chamaste? Eu sei que não tem volta."

Como você citou uma música do saudoso padre Jonas Abib, neste momento me vem uma de Nelsinho Corrêa que ele cantava que representa bem o que senti naquele momento:

> Não dá mais pra negar
> O mar é Deus, e o barco sou eu
> E o vento forte que me leva pra frente
> É o amor de Deus

Era essa a sensação: não havia mais um porto, não havia mais a possibilidade de ficar na segurança da margem. Eu era um barco que se lançava no imenso mar, deixando-me guiar por Deus, assim como os discípulos, que se lançaram no desconhecido e deixaram as redes, a segurança da praia, tudo, porque foram atraídos pela voz do Senhor. Tenho certeza de que todos tinham seus medos e inseguranças, mas nada os impediu de dar um sim, um sim para sempre.

Naquele momento, me lembrei do extraordinário diálogo entre Jesus e Pedro, que, como já te disse, foi o tema de minha ordenação: o Senhor ressuscitado aparece para o apóstolo e faz uma pergunta desconcertante: "Simão, filho de João, tu me amas?" Diante da afirmativa do discípulo, nosso Senhor entrega a ele o cuidado de suas ovelhas, mas a pergunta ainda seria repetida outras duas vezes, o que deixaria o pobre Simão entristecido. Na terceira vez, porém, a resposta muda um pouquinho: "Senhor, tu sabes tudo; tu sabes que eu te amo."

Em primeiro lugar, Jesus não tinha nenhuma dúvida sobre o amor de Pedro para com ele. Prova disso é o seu ato impulsivo de se atirar ao mar, quando avista o Mestre na praia. Ele se lança ao mar ainda nu, o que é típico dos apaixonados, dos impetuosos, dos que têm um temperamento sanguíneo por demais empolgado. Consigo imaginar a alegria ao ver o Senhor, em estar com ele.

Peço isto diariamente em minhas orações: nunca deixe faltar em mim a alegria pelo meu ministério, a alegria dos encontros, por conhecer gente, por celebrar — e eu sei que você nutre em seu coração a mesma alegria ao educar, ao abrir os horizontes de seus alunos.

É certo que as três perguntas fazem alusão à tríplice negação de Pedro; ele havia negado que conhecia Jesus. Mas ele o conhecia tão bem, havia estado com ele, testemunhado os milagres, ouvido as palavras que saíam de sua boca. Então, por que negar? Certamente estava tomado pelo medo. O medo é uma prisão. Não podemos temer as decisões que mudam nossa história.

Por fim, a resposta de Pedro, a meu ver, também é um olhar para dentro. É como se ele quisesse dizer: "Senhor, não é como você merece, não é o suficiente, mas nas minhas misérias, eu te amo." E isso foi o suficiente para o Senhor confiar o cuidado do rebanho a ele.

Sempre admirei Pedro. Ele se mostra todo o tempo extremamente humano, não esconde suas imperfeições; pelo contrário, ele as lança para que todos vejam. Lembra do episódio em que Jesus vem ao encontro dos discípulos caminhando sobre as águas? Eles ficam apavorados pensando ser um fantasma. O mar estava agitado, símbolo da nossa vida, tantas vezes sacudida por ondas revoltas.

Pedro enfrenta Jesus. Me permita usar exatamente essa palavra: ele "enfrenta" o Senhor. Ele tem liberdade para com seu Deus e pede que o deixe ir ao encontro do Mestre caminhando sobre as águas para provar que era ele mesmo. Então, ele deu alguns passos e afundou quando desviou o olhar de Jesus.

Quando lemos essa passagem da Bíblia, logo questionamos a pouca fé de Pedro, mas não olhamos para sua coragem: ele foi o único corajoso a ponto de abandonar a segurança do barco e se lançar no desconhecido.

Naquele dia, embaixo do chuveiro, pensando sobre todas essas coisas, eu tive uma certeza ao olhar para dentro de mim e reconhecer quem sou. O Senhor conhecia minhas fraquezas, sabia de minhas misérias, mas o amor, ainda que tão falho, que eu sentia por ele era suficiente para me confiar algo tão grande, restava-me abandonar-me nesse mar até então desconhecido.

Querido amigo, diversas vezes escutei uma pergunta, pessoalmente e em entrevistas, até mesmo nos momentos de reflexão: alguma vez, nesses onze anos de sacerdócio, você se arrependeu?

Eu nunca romantizei esse assunto, sempre disse a verdade: é óbvio que sim. Diante das minhas crises, das noites escuras da minha alma, e eu sei que você deve ter se sentido assim em algum momento de seu ministério, aqueles dias de fracasso, quando as coisas não saem como planejamos. Nesses momentos, porém, nos lembramos dos compromissos que fizemos — e o meu não tinha prazo de validade, era para toda a vida, para sempre.

Falta isso hoje nas famílias; há tantos que pulam fora do barco diante das primeiras ondas revoltas, que desistem do propósito. São pessoas instáveis, levadas pelas coisas passageiras, incapazes de tomar as decisões que mudam uma vida.

> Foi nos momentos mais tristes que pude identificar a presença de Deus. Aliás, é nas noites mais escuras que me vejo mais inspirado, parece que em alguns momentos me deixo enamorar-me pelas minhas angústias. Quando entendi que era humano e que o Senhor me queria assim, também compreendi o norte do meu ministério; ele se tornou mais pleno.

Eu nunca gostei de ouvir coisas como "coitado do padre, ele é sozinho, não tem ninguém". Nossa, acho isso pavoroso, não convence e não demonstra a verdade. Como vou motivar outro jovem a desejar ser padre sendo triste? Faço de tudo para mostrar a face mais feliz do sacerdócio, o quanto sou feliz por ter uma comunidade, por ter sido chamado para algo tão sublime.

É por isso que prezo tanto o dom da alegria. Acredito piamente que Jesus era uma pessoa bem-humorada. Era agradável estar com ele, perto dele, e é assim que quero que as pessoas se sintam na minha presença.

Ainda estou bem longe de conhecer a mim mesmo por inteiro, tenho apenas uma leve percepção sobre mim. Aliás, aprendi a me deixar encantar, a viver as surpresas que a vida pode me oferecer. Conheço algumas nuances de mim, sei identificar perfeitamente minhas incontáveis misérias, mas sei sobretudo que trago em mim tesouros, guardados em vasos de barro, como nos lembra o apóstolo Paulo. Assim como o vaso, sou frágil, mas sou esse recipiente: fui acumulando as experiências das pessoas que encontrei pelo caminho e as trago em meu coração.

Por falar em recipiente, querido amigo, talvez essa seja uma via fácil de nos conhecermos por dentro. Existem vasos que são esplêndidos, mas vazios por dentro; por outro lado, um vaso simples pode estar cheio de tanta riqueza. Você já tomou água em um copo de alumínio naqueles filtros de barro? Parece ter um sabor diferente. A caneca, geralmente amassada, carrega em si tantas histórias, ela mesmo absorveu tanto daquele recipiente.

O que eu trago dentro de mim? Aí está uma pergunta que deveríamos nos esforçar sempre para responder. Tenho guardado coisas boas, como amor, bondade, alegria, serenidade? Ou talvez seja o contrário e eu seja um depósito de rancor, ressentimento, sempre pronto para oferecer maldade?

Fico imensamente feliz de você se lembrar de mim pelo sorriso, pela alegria. Comecei a entender a alegria como um dom e a uso: uso a alegria a cada missa que celebro, uso nos meus encontros, a uso ainda nas noites escuras, me encho de esperança para acreditar nos dias melhores que devem chegar.

Como você bem lembrou, querido amigo, o amor é fundamental para conhecer. Não acredito no amor à primeira vista; pode-se gerar ali uma atração, um encanto, mas é quase impossível amarmos o que não conhecemos. Eu, quanto mais conheço o ser humano, mais o amo. São tantos vasos de argila, cada qual com suas particularidades, cada um deles abastecido de algo; alguns vazios, sem nada a oferecer, talvez pelo simples fato de nunca terem recebido nada. A vida pode ser muito dura para muitos, que vivem sem carinho. Viver sem amor, sem afeto, nos transforma em vasos secos, mas mudar essa realidade é nosso dever.

66

O amor é fundamental para conhecer. Não acredito no amor à primeira vista; pode-se gerar ali uma atração, um encanto, mas é quase impossível amarmos o que não conhecemos. Eu, quanto mais conheço o ser humano, mais o amo.

— *Padre Patrick*

A arte do cuidar

Querido padre Patrick,

Hoje é sábado. Escrevo esta conversa no amanhecer do dia. O sol de junho está um pouco tímido. Faz frio na cidade grande em que vivo. Nas grandes ou pequenas cidades, sempre há o sol. Você também escreveu para mim banhado pelo sol, no dia da solenidade de Corpus Christi. O filósofo Baruch de Espinosa, em seu *Tratado da reforma da inteligência*, dizia que o sol é maior do que parece. O sol, metáfora do que ilumina, do que aquece. Os povos diferentes, em lugares diferentes, podem se extasiar diante de um despedir do dia, diante de um pôr do sol. Acompanhado ou não. O sol que vive dentro da gente, das gentes.

Rumi, o poeta persa, dizia:

> Você tem dentro de si mais amor do que jamais poderia entender.

Temos amor, amigo. Temos uma fonte que jorra amor ininterruptamente. Uma fonte presenteada pelo Criador.

Dentro de nós. O Criador, entretanto, respeita a nossa liberdade de permitir que essa fonte sacie a sede dos irmãos nossos ou que fique em desuso. Para mim, aqui está o segredo de uma vida feliz, de uma vida em que a alegria não é uma visitante esporádica.

A nossa alegria se fortalece quando cuidamos de alguém. O ato de cuidar é uma arte. Uma arte revigorante. A cada um que oferecemos nossa fonte de amor, nos fortalecemos mais. Para dar mais amor. Para experimentar o sol do amor que nos aquece o existir.

Você fala do livro dos Atos dos Apóstolos como uma Pérola da Sagrada Escritura. E é. Logo no início a narrativa de que os primeiros cristãos perseveravam na doutrina dos apóstolos, na consciência da comunhão e das orações, na vida em união, no cuidado de cada um. E era isso que cativava a simpatia do povo. As pessoas passavam por eles e ficavam encantadas por uma razão: "Vejam como eles se amam."

O encantamento diante do amor vem da conjugação do verbo "cuidar".

Franz Kafka foi um dos maiores escritores do século xx. Escreveu obras memoráveis, como *A metamorfose*, *O processo*, *O castelo* e outras. Era um escritor severo consigo mesmo na tentativa de extrair o máximo de profundidade de seus textos. Personagens escolhidas para dizer sua dor e sua perplexidade diante do mundo. Pois bem, há uma história, narrada por sua última esposa, Dora Diamant, já no fim de sua vida. Eles moravam em Berlim e Kafka, talvez devido à doença, já não encontrava inspiração para escrever. Os dias eram frios e o sol, mesmo aquecendo, não o aquecia mais. O escritor saía para alguma caminhada até uma praça que ficava perto de onde eles moravam. E foi em uma dessas caminhadas que ele conheceu uma menina que chorava muito por ter perdido a sua boneca.

Embora um livro tenha sido publicado sobre esse episódio, chamado *Kafka e a boneca viajante*, pelo espanhol Jordi Sierra i Fabra, pouco se sabe dos detalhes dessas conversas. As cartas nunca foram encontradas, mas há peças de teatro, inclusive imaginando as narrativas possíveis do que uma boneca diria a uma menina. Vi vários desses espetáculos e li o livro mais de uma vez. E fui criando dentro de mim uma narrativa.

O episódio é muito significativo, amigo. Kafka está doente, cansado das dores, ciente da proximidade do fim; embora jovem, ele faleceu aos 39 anos. No frio que havia dentro dele e talvez fora, em algum inverno de Berlim, ele encontra uma menina que chora. Quer saber a razão. A dor da menina dói nele também. Ele se esquece da sua para afugentar a dor da menina. Ela diz da boneca que se perdeu. Ele talvez tenha dito que a mãe, certamente, providenciaria uma outra boneca. Ou que ele poderia dar uma boneca de presente a ela. O que ele quer é aliviar aquela dor. A menina chora ainda mais dizendo que não quer uma outra boneca. Quer a sua. A sua é insubstituível. Ela não vai abrir mão da boneca que ama por nenhuma outra.

Então, Kafka tem a ideia de se dizer um carteiro de bonecas. E diz à menina que, certamente, sua boneca foi

A ARTE DO CUIDAR 119

viajar e que era necessário aguardarmos para ver se ela enviaria alguma carta. A menina se acalma. A esperança é acalmadora de muitas lágrimas. No mesmo dia, em casa, o grande escritor volta à máquina de escrever. E escreve com a delicadeza necessária para dizer dizeres de uma boneca. E volta ao parque no dia seguinte. E entrega a carta para a menina que diz não saber ler. É muito nova. Ele lê, então. A boneca foi viajar. Se desculpa de ter ido tão rapidamente sem as necessárias despedidas. E já começa a dizer do lugar em que estava viajando. A menina sente um outro sentimento. De saudade e de alegria. A boneca não se perdeu. A boneca está bem. A boneca está conhecendo um outro lugar. Eles se despedem naquela tarde de sol na praça de Berlim. E ela diz esperar a próxima carta. O escritor volta para casa e escreve uma nova carta. A boneca já está em outro canto do mundo e conta o que vê, o que sente, a saudade.

E novamente, na praça, o encontro do escritor e da menina. As letras que formam as palavras que formam a carta acalmam aquele coração tão criança. Diz a mulher de Kafka que, por quase um mês, eles se encontravam e as cartas eram lidas. E as lágrimas foram dizendo outros sentimentos. Também se chora de amor.

Querido padre Patrick, Kafka cuidou daquela menina do jeito que sabia cuidar. E viveu semanas felizes de sua vida. Sua mulher conta que foi como uma transfiguração. Ele era outra pessoa. Ele havia se esquecido da dor, da doença, porque ele tinha uma arte a dar conta. A arte do cuidar.

66

A esperança é acalmadora de muitas lágrimas.

— *Gabriel Chalita*

Eu tenho cada vez mais esta convicção, só é feliz quem faz feliz o outro. Só experimenta a alegria quem é capaz de cuidar de alguém. Não importa a profissão, não importa o que fazemos como trabalho na nossa vida, o que importa é que em qualquer trabalho, em qualquer fazer, eu tenha a consciência de que só vou encontrar alegria quando fizer o bem a alguém.

Não foi isso que Cristo nos ensinou? Ele cuidou de seus apóstolos, mesmo sabendo das imperfeições deles. Aliás, Jesus não exigiu perfeição de ninguém. Nem de Pedro, como você bem disse. Pedro, que o negou três vezes. Pedro, com seu temperamento, com seus nervosismos, com suas preocupações de um cuidador. Pedro, que foi sendo lapidado por Jesus. Uma pedra bruta, uma pedra diamante. Um diamante na metáfora da beleza de ser o condutor daqueles que queriam seguir o maior de todos os cuidadores, o Mestre Jesus de Nazaré.

Reli várias vezes seus dizeres sobre o dia da sua ordenação sacerdotal. Um dia esperado. Um dia nascido com os medos do compromisso que tem o barco quando tem que deixar o porto e suas seguranças e ir mar adentro.

O mar é ora calmo, ora bravio. Ora seguro, ora medroso. Pedro teve a coragem de caminhar para o encontro com Jesus e, sim, Pedro teve medo. Pedro desviou o olhar e, então, se esqueceu da fonte que havia dentro dele. Nós também nos esquecemos. Nós também desviamos o olhar de

Jesus e nos afundamos. Mas Jesus sempre está para nos dar as mãos. É como o sol que nos vê mesmo quando fechamos as janelas. As janelas são menores do que o sol. As janelas podem voltar a se abrir, e podemos novamente experimentar o prazer dos aquecimentos.

Você diz que nos seus momentos mais tristes é capaz de identificar a presença de Deus. Amigo, a tristeza convive com a alegria. Não temos o poder de mandar a tristeza embora. Ela é parte do que somos. Ela é lapidadora da pedra bruta que também somos. É na tristeza que nos humanizamos mais. É nela que nos reconhecemos necessitados dos outros. É nela que o pensar pensa mais limpo. Principalmente quando temos a sabedoria necessária de não autorizar a demissão da alegria. É preciso que elas estejam juntas. A alegria e a tristeza. Que conversem. Que se entendam!

Padre amigo, veja que fascinante é o Criador. Nós, os humanos, somos os animais mais inteligentes, não é isso? Somos capazes de empreendimentos impressionantes. Descobrimos o fogo, fomos até a Lua, inventamos tecnologias, confortos, diminuímos distâncias e aprendemos a consciência das finitudes. Os animais não racionais são o que são. Um peixe nasce e se sabe peixe. O que ele será sempre. Uma andorinha nasce e será sempre uma andorinha. E também um gato ou um cachorro ou um leão. São o que são. E precisam de poucos cuidados nos seus inícios. E os humanos? Um bebê precisa de cuidados? O peixe nasce peixe e logo ganha o rio ou o mar. E um bebê? Se ninguém cuidar, não sobrevive. Não consegue se alimentar sozinho. Não consegue aprender a andar, a falar, a pensar.

66

A tristeza convive com a alegria. Não temos o poder de mandar a tristeza embora. Ela é parte do que somos. Ela é lapidadora da pedra bruta que também somos.

— *Gabriel Chalita*

Então, o mais inteligente dos animais só é quem é porque alguém cuidou, porque alguém ensinou, porque alguém amou.

Se só somos quem somos porque alguém de nós cuidou, podemos entender que só seremos realizados se cuidarmos de alguém.

Você cuida de muita gente, amigo. Ouvir as confissões é aliviar as dores da humanidade. É estender as tendas do perdão para minimizar as quenturas que nos queimam por dentro.

Sobre o perdão quero conversar em uma outra conversa. Vale nos aprofundarmos um pouco mais. Vamos voltar ao cuidar, amigo.

Em uma celebração eucarística, você cuida de dizer a palavra de Deus, você cuida de cantar cantos que alimentam a alma, de compartilhar o pão da vida. Nos batizados também, e nos outros sacramentos. É sempre um cuidar.

Enfermeiros cuidam. Imagine um dia inteiro em um hospital. Um sair e entrar de quartos em que as dores doem tanto. O fim do dia é de cansaço bom. É de consciência de ter aliviado a dor de muita gente. Um comerciante também, amigo. Nas conversas, no vender o que precisam comprar. Um agricultor que cuida da terra para que a terra cuide de fornecer alimentos para que os alimentos cuidem de alimentar vidas. Um dentista que devolve sorrisos. Um cantor que sobe em um palco e canta sensibilidades. Um artista que dá vida a tantas vidas. Um faxineiro que cuida para que os ambientes sejam mais propícios aos encontros. Uma arrumadeira de hotel que arruma as camas onde os amantes farão amor. Uma doceira que faz os doces que dão sabor à vida.

Na minha infância, havia uma vizinha que fazia doces. O nome já era uma explicação, Dulce. Dulce era casada com Joaquim. Joaquim trabalhava na igreja de Santo Antônio. Uma igreja que ficava em uma colina, na parte alta da cidade. Era a igreja preferida pelas pessoas para celebrarem os seus casamentos.

Na casa de Dulce, havia uma varanda e, logo depois, uma sala transformada em espaços cheios de doces. Eram doces de abóbora, de laranja, de leite. Eram cocadas de várias cores. Paçocas, brigadeiros. Era um sonho, amigo. Aliás, também havia sonhos.

Há um fato curioso no jeito de Dulce adoçar o mundo. Ela era a principal boleira da cidade. Era difícil um casamento sem o bolo de Dulce. Só que ela tinha as suas exigências. Antes de fazer o bolo, era preciso uma longa conversa com os noivos. E, assim, ela explicava a receita do amor. O que em uma relação desanda. Os riscos dos azedumes. Os cuidados para não queimar nem para deixar cru. Ela era uma mulher de dizeres fortes, ao contrário do marido, Joaquim, que falava pouco e que expressava uma paixão sem limites pela mulher.

Eu me lembro, amigo, de Dulce fazendo graça com o Joaquim, dizendo que o fato de ele falar pouco não significava nada, que o homem tinha um apetite que fazia com que ela nunca passasse fome. Joaquim corava. Dizia a ela que não dissesse intimidades. Ela ria. E levantava para preparar algum doce que cuidava de adoçar nossa vida.

Eu fui nas bodas de ouro dos dois, Dulce e Joaquim. Foi lindo, amigo. A história da alegria sendo contada em longos cotidianos.

Havia uma outra vizinha que comentava sobre Dulce. É impressionante a alegria dessa mulher. Quando chove, ela agradece. Quando faz calor, ela fala do bom dos filhos poderem nadar na piscina da casa. A piscina, na verdade, era um tanque grande, que divertia muito. Tudo muito simples. Mesmo nas doenças, Dulce não era das reclamações.

Já tomei muita água em copo de alumínio naqueles filtros de barro, como você. Os amassados do copo não tiram o sabor da água. O bonito da simplicidade. As memórias mais aconchegantes das nossas vidas são as memórias das pessoas, não das coisas. Erramos quando damos muito valor às coisas e pouco valor às pessoas. Erramos quando deixamos de ser donos das coisas e as coisas passam a mandar em nós. E isso é tão comum. Infelizmente os humanos matam os humanos por causa das coisas. As guerras guerreiam por causa das coisas. Das posses. Do dinheiro.

O dinheiro que Dulce ganhava vendendo aqueles doces era para adoçar a vida. O dinheiro que Joaquim ganhava tomando conta daquela igreja dava conta de cuidar dos seus dias ao lado de Dulce e dos três filhos.

Essa simplicidade me fascina, amigo. Eu não tenho nada contra as pessoas ganharem dinheiro e viverem uma vida de conforto. Pelo contrário. Sou grato à herança que meu pai me deixou e a tudo o que conquistei financeiramente na vida. Mas a maior herança que meu pai me deixou certamente não foram as dezenas de imóveis e o dinheiro. A maior herança foi a sua fé, o seu exercício cotidiano da bondade, a sua leveza diante da vida.

Confesso, amigo, que, enquanto escrevo, vejo meu pai. Vejo e tenho saudade. Vejo e choro. Não o choro doído da menina que perdeu a boneca. Eu nunca perdi meu pai. Se dele recebi a fé como herança, a fé que me faz dedilhar letras e formar palavras é a de que ele prossegue em mim e na eternidade. Como prosseguem Dulce e Joaquim? Será que ela é fazedora de doces no lado de lá do mistério? Que tipo de doce adoça a eternidade?

Lembro o seu sorriso, sim, padre Patrick. E guardo em mim as recordações do seu brincar. Sorrio com os seus dizeres nas redes sociais. Com sua despreocupação com as perfeições, com seu compartilhar dos cansaços e das vitórias sobre eles.

É nisso que consiste a vida. Não somos peixes que nascem peixes e que para sempre são peixes. Somos mais complexos. Somos o que decidimos ser. Recebemos a vida e a liberdade como presentes de Deus. E o caminho para ser caminhado. É no caminho que nos fazemos. É no caminho que exercitamos as mãos dadas. O cuidar de alguém.

Na semana que passou, eu recebi uma grata surpresa de um amigo muito especial. Fernando Haddad foi até o Vaticano e teve um encontro com o papa Francisco. Dias antes, ele pediu que eu autografasse um livro meu, que é uma peça de teatro e que se chama *Entre Franciscos, o Santo e o Papa*.

O livro traz a narrativa de um encontro que se dá na lavanderia do Vaticano, criada justamente pelo papa Francisco para a população em situação de rua. O papa, cansado dos barulhos do mundo, resolve visitar a lavanderia. Quando ele está ouvindo o barulho do lavar, das máquinas de limpar, ele vê um homem, aparentemente morador das ruas, esperando suas roupas ficarem limpas. E, então, se dá o diálogo. Falam das sujeiras dos nossos tempos. Das sujeiras dos egoísmos, dos ódios, das lutas pelo poder. Falam das dores dos refugiados, dos que vivem em situações de miserabilidade.

No diálogo, o Papa vai contando sua história. A alegria do ser padre em uma paróquia simples na Argentina. Sua mãe e os doces que ela fazia para presentear os que tinham fome. Francisco, o Santo, também fala das compreensões de sua mãe e do desconforto do pai. O pai queria que ele fosse outra pessoa. Ninguém pode ser outra pessoa.

E, durante o prosseguir das prosas, Francisco, o Papa, percebe que quem está com ele é Francisco, o Santo.

Pois bem, meu amigo Fernando Haddad levou o livro e deu de presente ao papa Francisco. E comentou comigo a reação do papa. Foi a de um homem simples. "Quem sou eu perto do grande Francisco de Assis?"

Também já estive com o papa Francisco, amigo. Foram três encontros. E nos três o que mais me surpreendeu foi sua docilidade. Uma das vezes, ele pediu que eu rezasse por ele. Eu disse que ele não precisava, que era um homem santo. Ele riu e falou: "Ah, se você soubesse dos meus pecados." Eu prossegui brincando e pedi para que ele me contasse. Ele riu muito da minha ousadia e me deu um forte abraço, um abraço explicador do acolhimento, tão vivamente vivido pelos cristãos dos primeiros tempos da igreja.

Gosto de pensar nessa igreja dos princípios. Na alegria com que anunciavam o que aprenderam do Mestre. Na disposição para o cuidar. Eram, de fato, uma comunidade. Era o que falamos da ovelha que se perde. Nenhuma pode ser deixada de lado, nenhuma pode ser abandonada.

Quando vejo as preocupações dos nossos tempos com as estatísticas, fico pensando no quanto nos perdemos. O que vale é a quantidade. Quantos seguidores eu tenho, quantas curtidas eu recebi e até quantos livros eu sou capaz de vender.

Já vendi muitos livros, amigo. E é claro que nos faz bem saber que as pessoas se dispõem a ir comprar algo que escrevemos. E, mais do que isso, que irão ler os nossos sentimentos compartilhados. Mas há algo mais importante do que os números, há algo mais revelador do exercício do cuidar, a consciência de que uma única pessoa ficou mais feliz por ler o que escrevemos.

Um dia, uma menina pequena colocou as mãos na cintura e me perguntou do final de um dos meus livros, escrito com o amado Mauricio de Sousa. O livro traz a história de um papagaio que se apaixona por uma sapinha. É uma história de desprezos e de encontros, de mistérios e de revelações, de um amor que parece vencer as barreiras. Parece. O final é um ensinador de que nem tudo prossegue. Lembro, inclusive, que o Mauricio me disse que havia chorado com o final da história. Eu pensei muito e entendi que era bom que terminasse assim. Que as crianças precisam entender esses sentimentos.

Tudo isso para dizer de uma menina que explicou para mim o que ela sentiu ao ler o meu livro. E me disse brava. E sincera. E tocada. Uma. Aqui não estamos falando de estatísticas.

Penso sobre isso quando vejo as estatísticas dos erros judiciais. Um dia, ouvi de um defensor do sistema de alguns estados americanos onde ainda há a pena de morte que os erros diminuíram. Que não chega a dez por cento o número de inocentes mortos. Eu o interrompi. Pedi que ele refletisse sobre o que havia dito. Que ele pensasse sobre as mães desses inocentes mortos. Ele retrucou dizendo que era comum o estado pagar uma indenização. Eu insisti. Que mãe prefere uma indenização à vida do filho?

Não quero parecer ingênuo no tema das estatísticas. Elas são necessárias. Eu preciso saber o percentual de analfabetos que há no meu país para desenvolver políticas públicas corretas para dar a todas as pessoas a chance de aprenderem a ler e escrever. Mas eu preciso ir além. Eu preciso conhecer a face do senhor João, que foi alfabetizado aos 70 anos de idade e que mudou a maneira de viver a própria vida. Eu posso falar nas estatísticas das mulheres que aguardam meses para fazer um exame de mama, mesmo tendo percebido algum nódulo.

Quando eu conheço a dona Fátima, que tem um caroço no seio direito, que está preocupada, triste, e que conseguiu marcar um exame para dali a nove meses, eu me solidarizo mais do que com números. Eu penso, se fosse minha mãe, eu conseguiria um exame para o dia seguinte. Eu começaria o tratamento o quanto antes. Quantas mulheres morrem de doenças que poderiam ter sido vencidas se fossem descobertas no início? Quanta injustiça há separando os que podem e os que não podem pagar por um atendimento correto na saúde?

Amigo querido, eu sei que não temos o poder de mudar o mundo. Mudemos o mundo do nosso entorno. Cuidemos das pessoas de que conseguirmos cuidar. É no próximo que eu exercito o meu dever de amar. O meu dever/prazer de amar.

Se sabemos que somos quem somos porque de nós cuidaram, precisamos saber que só encontraremos a verdadeira alegria se experimentarmos na nossa vida o bom e o belo de cuidar de alguém.

Depois desta nossa conversa, do pensar no que dizer, no dizer, no reler você, o sol, que acordou tímido neste sábado, já aquece com mais força.

66

Eu sei que não temos o poder de mudar o mundo. Mudemos o mundo do nosso entorno. Cuidemos das pessoas de que conseguirmos cuidar. É no próximo que eu exercito o meu dever de amar. O meu dever/prazer de amar.

— *Gabriel Chalita*

Querido amigo Gabriel,

Que alegria retomar nossas conversas. Os dias vão transcorrendo numa completa correria, quase não nos sobra tempo. São tantas coisas que acontecem ao mesmo tempo, tantos compromissos a serem cumpridos.

Eu gostaria que, às vezes, o dia tivesse um pouco mais de horas. Quando menos percebemos, o crepúsculo chega, a noite toma conta, o cansaço físico se apodera de nosso corpo, e só nos resta o deleite da cama.

Eu gosto da rotina, mas também me inquieto com a falta de tempo. Às vezes é importante fazer uma parada, desacelerar o curso da vida para nos colocarmos a sós com Deus, o nosso sol, que ilumina nossa escuridão e faz resplandecer as trevas de nossa vida.

Ele é o sol nascente que vem nos visitar, o sol sem ocaso que dissipa as trevas pessoais. Jesus, desde os primórdios da igreja, foi visto como esse sol que ilumina. É também por isso que celebramos o Natal no dia 25 de dezembro.

A ARTE DO CUIDAR 135

Nas Sagradas Escrituras, não encontramos nenhuma referência ao dia preciso do nascimento do Salvador, mas é sabido que, no antigo Império Romano, era celebrado nesse dia um culto ao deus do sol, daí a compreensão de que o verdadeiro sol era Jesus. A partir de então, começou-se a celebrar o Natal de Jesus.

Eu sou fascinado pelo tempo do Natal. Gosto de montar a árvore na minha casa, ligar as luzes. Parece que um clima nos envolve, somos tomados por uma euforia. Os presépios em nossas igrejas expressam tanto amor, representado pelas imagens, a manjedoura vazia à espera do menino que está para chegar, o olhar atento de Maria e José, que guardam todas as coisas em seu coração, os animais. O ambiente simples nos ensina que o que dá sentido à vida são as coisas que o dinheiro não pode comprar. Ali habita o amor no sentido mais pleno. A noite escura de Belém se ilumina com a chegada do menino Deus. Os pastores que vão ao encontro do presépio representam ainda essa mudança de rota, saem da rotina para estar com Deus.

Não temos mais tempo, amigo, não temos tempo para nós mesmos, para os outros e, pior ainda, não temos mais tempo para Deus.

Talvez você e os nossos leitores imaginem, enquanto leem estas palavras, que não estou num dia tão bom assim. Não sei ao certo explicar, um abatimento me entristece ultimamente. Mas eu sei que a esperança me dá um sentido novo e me faz esperar que o sol volte a nascer logo.

66

Às vezes é importante fazer
uma parada, desacelerar
o curso da vida para nos
colocarmos a sós com Deus, o
nosso sol, que ilumina nossa
escuridão e faz resplandecer as
trevas de nossa vida.

— *Padre Patrick*

Querido amigo, talvez a maioria das pessoas tenha de mim uma imagem feliz, leve. Fico alegre por isso. De fato sou um apaixonado pela vida, acho que viver é um dom e que precisamos fazer valer cada instante. Mas eu queria recordar um capítulo sombrio da minha história que me fez experimentar o chão.

No ano de 2019, comecei a perceber que não tinha mais o mesmo ânimo, não conseguia mais me sentir feliz. Num primeiro momento, imaginei que seria passageiro, afinal de contas é comum os dias não serem tão bons, mas não passava; pelo contrário, aos poucos ia piorando.

Eu me sentia de certa forma como Jó: aos poucos fui perdendo tudo. A diferença talvez estivesse no fato de que eu não tinha a fé inabalável de Jó; o profeta demorou muito para reclamar, e eu não fui tão paciente, não aceitei a cruz de forma tão serena. Fui perdendo a alegria, o vazio se apoderou do meu coração, uma necessidade de estar sozinho, de fugir de tudo e todos. Nada mais fazia sentido, tudo havia perdido o encanto.

Eu me lembro das missas que eu ia celebrar sem vontade nenhuma, sem o zelo necessário. Passei a ver algo tão importante para mim como um mero compromisso. Eu ficava tão disperso durante as celebrações que acabava esquecendo o que estava falando, por isso passei a escrever meus sermões para poder me encontrar de novo.

Outro momento difícil era a obrigação de me fazer presente na secretaria da igreja: aquelas histórias que eu escutava me feriam ainda mais. Era doloroso escutar os dramas das pessoas, as mesmas lamúrias. Sabe aquela sensação do vaso de plantas seco? Eu estava seco, não tinha mais nada para oferecer.

O passo seguinte foi me afastar das redes sociais, porque até o celular vibrando no bolso me causava dor. Eu ficava me perguntando: o que será que vem agora? Ou quem será? Era uma necessidade de solidão, de me isolar.

Aos poucos fui deixando de me alimentar, não dormia bem, meu corpo foi ficando desfigurado, aquele aspecto de doente. Eu guardava os sentimentos para mim, sem partilhar com ninguém o que estava acontecendo. A vontade que eu tinha era de gritar, de colocar para fora aquela dor insuportável dentro de mim, mas não fazia isso com medo do julgamento, do que iriam falar.

Nós que somos padres, querido amigo, somos formados para sermos fortes, e as pessoas nos veem assim, sempre prontos e disponíveis para estar ali com uma palavra, um direcionamento. Porém, às vezes, precisamos de ajuda, necessitamos de um acalento como o que existe no presépio de Belém.

Hoje sabemos pelos números quantos padres passam por dramas profundos; alguns inclusive recorrem ao suicídio.

Eu penso que uma das piores coisas para quem passa por um processo depressivo é se ver diante da pergunta "O que eu tenho?". Ao mesmo tempo que você sabe que existe uma dor que está te consumindo, que foi levando tudo embora, você é incapaz de verbalizar o que sente. Talvez por isso muitas pessoas tendam a negligenciar o que estão enfrentando. Surgem comentários horríveis, coisas do tipo: "Por que você está assim? Não tem motivos para sofrer!" Ou, ainda pior: "Isso é falta de Deus, você precisa rezar mais." Você, querido amigo, consegue imaginar a dor de estar passando por esse problema e ainda precisar ouvir que isso é falta de rezar?

Lembro neste momento o desabafo de Jó para com o Deus dele:

> Minha vida só me dá desgosto; por isso darei vazão à minha queixa e de alma amargurada me expressarei. [...]
> Tens prazer em oprimir-me, em rejeitar a obra de tuas mãos, enquanto sorris para o plano dos ímpios? Irás agora voltar-te e destruir-me? [...]
> Lembra-te de que me moldaste como o barro; e agora me farás voltar ao pó? [...] Deste-me vida e foste bondoso para comigo e na tua providência cuidaste do meu espírito.
> Mas algo escondeste em teu coração, e agora sei o que pensavas.
> Se eu pecasse, estarias me observando e não deixarias sem punição a minha ofensa.
> Se eu fosse culpado, ai de mim! Mesmo sendo inocente, não posso erguer a cabeça, pois estou dominado pela vergonha e mergulhado na minha aflição (Jó 10;1,3,9,12-15).

Consigo de certo modo entender o drama dos profetas ou mesmo dos seguidores de Jesus. Quantas provas, quantas noites escuras, quantas vezes eles tiveram a sensação de que o sol não voltaria a aparecer, eram humilhados, privados do básico, de tudo, mas existia uma consciência muito clara do chamado.

Olhando para as cartas de Paulo, sabemos tudo o que ele viveu. Na sua segunda epístola à comunidade de Corinto, ele faz um raro desabafo que talvez expresse o que foi a sua vida:

> Muito mais, pelas fadigas; muito mais, pelas prisões, infinitamente mais pelos açoites. Muitas vezes, vi-me em perigo de morte.
> Dos judeus recebi cinco vezes os quarenta golpes menos um.
> Três vezes fui flagelado. Uma vez, apedrejado. Três vezes naufraguei. Passei um dia e uma noite em alto-mar.
> Fiz numerosas viagens. Sofri perigos nos rios, perigos dos ladrões, perigos na cidade, perigos no deserto, perigos no mar, perigos dos falsos irmãos!
> Mais ainda: fadigas e duros trabalhos, numerosas vigílias, fome e sede, múltiplos jejuns, frio e nudez...
> (2 Coríntios 11,23-27).

Trata-se do retrato de uma vida de dor e angústia que ainda assim foi entregue e consumida pelo infinito amor a Jesus. O amor consiste exatamente nisso, querido amigo, na capacidade da oferta de vida. Quanto mais para o outro eu for, mais de Deus serei. O que nos salvará no final das contas será o quanto amarmos.

Tenho a certeza de que não sofri como o apóstolo, mas entendo claramente que é falta de caridade comparar sofrimentos: a dor do outro é importante, mesmo que para mim seja pequena.

"

O amor consiste exatamente na capacidade da oferta de vida. Quanto mais para o outro eu for, mais de Deus serei. O que nos salvará no final das contas será o quanto amarmos.

— *Padre Patrick*

Naqueles dias mais agudos, a melhor parte da longa jornada diária era quando chegava a noite. Sim, a noite. Comecei a nutrir um apego pela escuridão, talvez porque nela eu conseguisse me esconder de tudo. Meu quarto era o melhor lugar para mim. Tantas vezes, encolhido na cama, eu desejei ardentemente que não houvesse um amanhã. Como eu queria não ter que acordar e passar por tudo aquilo de novo.

Numa dessas noites escuras eu recebi uma mensagem de texto de uma mulher da minha paróquia que é psicóloga: "Padre, está tudo bem? Se precisar conversar, eu estou aqui." Respondi de forma muito vaga que estava bem, que eu só estava um pouco recolhido mesmo. Mais uma vez, tentei esconder o que estava acontecendo, mesmo sabendo que não era o melhor caminho.

Aquela noite foi cruel, longa demais, uma noite de lágrimas. Eu gostaria que você entendesse aquela noite muito além de um tempo cronológico. Ela não havia começado às 18h e não terminaria com o amanhecer: já estava durando meses, não parecia ter um fim.

No dia seguinte, quando mandei outra mensagem para essa mulher dizendo que não estava bem, que precisava conversar, ela me convidou para ir até o consultório dela. Não lembro bem o que foi dito naquele dia, mas, depois de ter chorado copiosamente na frente dela, de ter me desarmado e me permitido ser fraco, necessitado de ajuda, revelei que estava ali para que ela me diagnosticasse com o que eu sabia que tinha.

Eu precisava de ajuda e sabia que sozinho eu não dava mais conta. A dor era tão grande que eu não conseguia mais. A minha fé, que é o que existe de mais importante em mim, estava tão fragmentada que não era mais suficiente para me colocar em pé.

Então, comecei todo o processo difícil, mas necessário: terapia, consultas com psiquiatra, remédios para dormir, a busca por equilíbrio emocional. O médico que me acompanhou pediu que eu me afastasse um pouco da igreja, dos trabalhos pastorais, que eu fosse descansar um pouco, ao menos até reencontrar meu equilíbrio.

Fui passar um tempo com meu irmão, que mora no Espírito Santo, lá na nossa cidade natal. Tenho vontade de que todas as pessoas que quero bem visitem Santa Teresa. Ela é conhecida como a cidade dos colibris e acho que o nome faz jus à cidade, que é leve, encantadora e parece levitar por sobre o vale de Canaã. Lá sempre foi o meu lugar preferido do mundo.

Uma noite chamei o Maico para assistir a um filme. Juro para você que não escolhemos antecipadamente o que íamos ver. Sentamos no sofá, ligamos a TV e ficamos assistindo ao que apareceu. Um filme bobo de romance, com uma história triste, que poderia piorar ainda mais o meu estado, mas que acabou sendo um divisor de águas na minha vida.

O roteiro, nada complicado, fala de um moço bonito e rico, cheio de vida, que desfrutava intensamente de tudo o que lhe era permitido até que, por conta de um acidente, ele fica paraplégico e perde o gosto por viver. Nesse contexto, uma moça bonita de origem simples é contratada para ser cuidadora dele. Ela tinha tanto para viver, mas não se permitia; ela se via presa, como se estivesse dentro de uma bolha, quando havia um mundo tão grande para ser explorado.

Os dois se odiaram no início, mas, como era esperado, acabou nascendo um sentimento nobre e lindo entre eles.

Em uma cena desse filme, senti como se a mão de Deus me colocasse de pé. Vou tentar descrever para você imaginar: ele está sentado num campo bonito em sua cadeira de rodas. Ela se senta à sua frente, em cima de uma cerca. Ele olha fixamente nos olhos dela e pergunta: "Sabe o que eu vejo quando olho para você?" Ela pensa um pouco e responde: "Não me diga que é potencial!" "Sim, potencial", diz ele. "Você só tem uma vida, e na verdade é sua obrigação viver o mais intensamente possível."

Essas palavras caíram no meu coração com tanta força que chegou a ser violento; tomei posse delas. A dor que eu estava sentindo, a angústia, aquilo tudo não dizia nada a meu respeito, não me representava. Eu sabia que existia potencial dentro de mim, e naquele momento desejei recuperar o gosto pela vida, queria me encontrar mais uma vez com a felicidade.

Naquele momento senti vontade de voltar para casa. Eu queria me sentir útil mais uma vez, queria me encontrar com meu povo, abraçar e ser abraçado. Ainda não estava bem, pelo contrário, acho que naqueles dias eu estava no pico da dor, no momento mais profundo dela. Ainda assim retornei, e hoje estou bem, me reencontrei comigo mesmo, voltei a sorrir.

66

Viver sem esperança é o retrato da escuridão.

— *Padre Patrick*

É estranho, amigo, não sei bem como explicar, mas às vezes, sem nenhum aviso prévio, você é tomado por uma dor que te prostra. Mesmo assim, nos dias mais escuros eu nunca deixei de rezar, ainda que fosse uma oração sem fé, sem vontade e até enfrentando Deus. Eu me lembro de dizer a Ele: "Pode levar tudo embora, só não tire do meu coração a esperança de que isso vai passar." Foi justamente ao dom da espera que me agarrei.

Voltei para Parauapebas e escrevi um recado na parede do meu quarto, que está lá até hoje, em letras garrafais: "Patrick, sabe o que eu vejo quando olho para você? Potencial. Você só tem uma vida, e é sua obrigação viver o mais intensamente possível."

Acordo todos os dias e agradeço ao bom Deus pelo privilégio da vida. Então, olho para aquela parede, me lembro das cicatrizes que ficaram e decido viver mais uma vez.

No fundo, querido amigo, o que nos move é a esperança, como a menina que esperava a carta de sua boneca, como a mãe que espera a mudança do filho, como o enfermo que espera a cura, como o agonizante que espera o paraíso. Viver sem esperança é o retrato da escuridão.

Eu vivi naqueles dias o privilégio de ser cuidado; permiti que outros cuidassem de mim. Até então, durante toda a minha vida, principalmente no ministério sacerdotal, eu havia cuidado, ia atrás das ovelhas machucadas. Eu tinha aprendido a importância do servir, do enxugar as lágrimas. Mas naquela vez foi diferente: eu fui abraçado. Percebi com isso que era amado e que não estava sozinho, o que foi essencial para o processo de cura. Eu sentia que minha dor era importante para os outros.

Logo depois de retornar do Espírito Santo, me concentrei no processo, me deixei ser cuidado, me senti muito amado e fui percebendo o carinho de Deus nas coisas simples.

As esperas e a esperança

Querido padre Patrick,

Também gostaria que o dia dissesse um pouco mais de horas. Mas de horas que pudéssemos escolher ou, talvez, acolher. De horas em que pudéssemos explicar a nós mesmos que nascemos para amar.

Você diz sobre o Natal, amigo. E eu digo de tantas lembranças de tantos natais que vivem em mim. Os presépios que montávamos. As esperas e as esperanças.

Esses dias fui a um hospital fazer uma visita a uma amiga muito querida que estava com a mãe se despedindo da vida. Eu fui estar com elas. Fazer o que eu poderia fazer. Estar.

Entrei por uma ala do hospital onde os pacientes eram crianças. Crianças vivendo da esperança de um dia voltarem para casa. E os seus pais chorando a esperança de que o que dizem os exames não seja o que a vida vai dizer.

Um deles, um jovem pai, olhou para mim e pediu que eu rezasse com o seu filho e a sua mulher. Disse que confiava muito em mim. Eu atendi e rezamos juntos. O filho ainda não havia completado 3 anos, quando os exames trouxeram o câncer. O tratamento estava sendo feito, mas os resultados ainda não eram bons. Eu digo ainda, amigo, porque ainda é um advérbio de tempo.

Eu rezei com eles. Eu rezei no carro. Eu rezei em casa. Eu conversei com Deus sobre aquele único filho daquele casal. Eu não tenho o poder do amanhã, mas o meu hoje é o da esperança.

A mãe da minha amiga faleceu três dias depois que estive com elas no hospital. A filha chorou a partida e a alegria de poder ter cuidado até o fim. A mãe já doía muito. Viveu quase cem anos. A filha me disse dos momentos finais. Um padre estava com elas. E rezavam, enquanto, em silêncio, ela se despedia e penetrava os mistérios.

Eu fui vasculhando em mim muitos sentimentos quando da esperança daquela criança. Ainda tenho. Ainda, como disse, é palavra de forte significado.

"Continue regando, ainda há vida" é um dizer de quem explica plantas danificadas por ausências. De luz. De água. De cuidado. De amor, talvez. Quem sabe?! Aquele menino parecia ter tudo naquele quarto de hospital. Ele brincava com um cavalinho como se cavalgar no ar fosse possível.

Eu me lembrei de uma história que escrevi há muito, de um menino que sonhava em ver o Sol. E de um Pegasus que o conduz rumo ao Sol. E você fala, em sua escrita, do Natal e do Sol.

Eu pedi ao Senhor um presente antecipado de Natal, a presença daquele menino no próximo Natal. E em outros natais, demitindo a doença e fazendo acontecer a esperança.

A mãe do menino me abraçou de um jeito como se eu tivesse algum poder de dizer à vida do seu filho que permaneça.

Eu conversei com o médico. Ele é também um homem de fé. Ele faz o que a ciência lhe ensina e acredita que há algo além da ciência.

Contou mais de uma história de histórias que prosseguiram apesar dos diagnósticos. O amanhã existe, padre amigo, o amanhã existe. E no amanhã há o sol. O sol que é apenas uma lembrança cotidiana do Sol Maior. O Sol que ilumina. Eu acredito que naquele quarto de hospital o Sol há de iluminar aquele menino, aquela família.

Agradeço a sua confiança em compartilhar a sua demorada noite comigo. Em dizer os dias em que os dias não eram dias. Em compreender que se tratar é essencial para prosseguir. Em ver os sinais do seu potencial. Do seu grande potencial. Quem experimentou a dor compreende melhor a dor do outro. Quem viveu uma noite sem luar ouve com mais vagar as histórias dos outros, dos outros e dos seus dias sem esperanças.

Naquele hospital, eu visitei dois quartos. Eu confesso que não pedi a Deus para que a vida daquela senhora quase centenária permanecesse. A filha parecia tão ciente da finitude. A mãe nos últimos meses já não tinha a vontade de prosseguir. Ela dizia do cansaço. Da consciência de não poder voltar ao tempo da alegria. Eu não quero com isso, amigo, dizer que os mais velhos precisam morrer. Não. Há os que passam dos 100 anos e prosseguem com disposição para acordar os dias e viver a vida que têm. Com limitações físicas. Com passos mais vagarosos, mas com a esperança de alimentar os outros com a sua presença. Naquele quarto, eu apenas pedi a Deus que cuidasse daquela família. Que o melhor fosse feito no melhor tempo.

Já no quarto do menino de menos de 3 anos, eu insisti com Deus que a vida não dissesse adeus. Alguma coisa em mim disse que ele vai vencer a doença. Era um dia lindo de um sol lindo. De um sol que entrava pelo quarto e que iluminava o lugar em que o menino brincava com o cavalo. E o nome dele, amigo, é Gabriel.

Você já deve ter experimentado a sensação de encontrar pessoas pela primeira vez e sentir que a presença delas mudou alguma coisa em você. Eu experimento isso com muita frequência.

Eu peço a Deus que os meus tantos afazeres não afastem de mim o prazer dos encontros. Que eu nunca me desencontre da arte do ouvir. Do ouvir a voz. Do ouvir o silêncio. Do ouvir as dores de um irmão meu.

Enquanto eu lia os seus dizeres, dos seus dias de dor, eu me lembrei dos dias que eu vivi depois da morte do meu pai.

66

Que eu nunca me desencontre da arte do ouvir. Do ouvir a voz. Do ouvir o silêncio. Do ouvir as dores de um irmão meu.

— *Gabriel Chalita*

Foram dias difíceis, amigo. Foram dias em que eu demiti a esperança. Eu dizia a mim mesmo que era ingênuo acreditar que um dia, no lugar dos mistérios, eu encontraria meu pai. Que eram bilhões no mundo. Que a fé era uma invenção para nos acalmarmos.

Eu brigava comigo mesmo por não acreditar. Conversei com alguns padres amigos. Com outros líderes religiosos, também. E com algumas pessoas que eu entendia terem sabedoria para dizer. Queria ouvir. Mas, aos poucos, comecei a sentir que eles falavam para os meus alívios. Não sei. Eu ouvia e não ouvia.

Um dia eu fui acompanhar uma amiga escritora que havia perdido o seu único filho. Ela sofria muito. Mãos dadas comigo, sentada na sala de um velório, olhava para mim, querendo algum dizer.

Eu disse palavras bonitas, amigo. Não sei como. Eu disse da complexidade humana. Do sagrado do existir. Do de como somos feitos. Quem explica que, em milhões de espermatozoides, um encontre um óvulo e que, desse encontro, uma vida nasça? E se desenvolva? E que uma vida cresça no encontro com outras vidas? E que mesmo as vidas que se vão têm o poder da permanência em nossas vidas?

Ela me perguntou da finitude. Perguntou se deveria ter esperança. Eu disse que não tinha dúvidas. E, naquele momento, eu não estava mentindo. Naquele momento, era o que eu sentia, e o que eu sentia fez nascer em mim aquelas palavras. Quem, no inverno, imagina a beleza da primavera? No inverno, o verde não morre. Vive da esperança da outra estação. O que sabemos nós da estação que não conhecemos?

66

Quem, no inverno, imagina a beleza da primavera? No inverno, o verde não morre. Vive da esperança da outra estação. O que sabemos nós da estação que não conhecemos?

— *Gabriel Chalita*

Eu prossegui na conversa dizendo que, se acreditamos em Deus, não podemos desacreditar da vida que prossegue depois.

Ela quis saber por que Deus não decidiu que os filhos não podem ir antes de suas mães. Eu disse que não sabia. Que só sabia que o amor não morre.

Padre, lembro que, depois daquele dia, meu coração se acalmou.

Tempos depois, um grande amigo perdeu o filho em um trágico acidente. Fui eu a dizer palavras que não têm o poder de aliviar a dor, mas que relembram a esperança.

Que palavra linda é a palavra "esperança", amigo!

Gosto muito daquela frase do poeta indiano Tagore:

> Cada criança que nasce é uma prova de que Deus não perdeu as esperanças na humanidade.

É que a humanidade deixou de lembrar que foi criança. É que nos descuidamos de cuidar de quem somos. Somos um punhado de empurrões que nos levam para onde não sabemos. Somos um depositário de tantas desilusões que esquecemos o que nos aquece e, por isso, passamos frio.

Faz frio no mundo, amigo.

O inverno parece prolongado demais.

Quando teremos novamente a primavera?

Quando as crianças poderão novamente voltar a ser crianças?

Gosto muito das canções do Gonzaguinha. "Viver e não ter a vergonha de ser feliz" é um canto nascido de perguntas que ele fez aos seus fãs. Gonzaguinha pediu que eles enviassem cartas para ele, respondendo a seguinte pergunta: "O que é a vida para você?"

As cartas existem até hoje e são carregadas de emoção. Em uma delas, ele se encantou com uma caligrafia infantil, dizendo coisas muito simples, que terminava com esta oração: "Eu não sei o que é a vida, eu só sei que é bonita." Então, Gonzaguinha começa a canção dizendo: "Eu fico com a pureza da resposta das crianças, é a vida, é bonita e é bonita."

Olhar para as crianças, padre, como Jesus nos ensinou. Não afastar as crianças. Não tratar as crianças como se fossem pequenos adultos. Não esperar que elas sejam o que não fomos. Quantas cargas de responsabilidades alguns pais depositam em seus filhos. Por quê? Que esperas são essas?

Quero prosseguir um pouco mais com Gonzaguinha e com uma outra canção:

> Ontem um menino que brincava me falou
> Que hoje é semente do amanhã
> Para não ter medo que esse tempo vai passar
> Não se desespere, nem pare de sonhar

O que nós podemos nas esperas que a vida nos exige? O que nós podemos se não decidimos sequer as estações

AS ESPERAS E A ESPERANÇA 159

da vida? O que nós podemos se nos perdemos em nossos esquecimentos?

Eu tento fazer sempre as pazes comigo mesmo quando me esqueço. Eu me esqueço quando coloco o meu coração em lugares errados, quando espero do outro o que o outro não pode me dar. Eu me perco quando vivo de expectativas. Expectativas não são esperanças. A esperança é bela como é belo o iniciar do dia e como é belo o despedir.

É preciso compreender as despedidas. É preciso despedir de nós o que nos despe de nós. Eu já sofri de amor muitas vezes vivendo das esperas erradas. Imaginando que o amor que eu amava iria um dia me amar. Eu já chorei a solidão de ser trocado. É como se as rejeições todas dissessem em mim mesmo que eu não merecia um amor, que eu não merecia um amar.

O tempo foi me confidenciando que muitas lágrimas pela dor da partida do outro eram lágrimas pelas minhas partes partidas e que eu não me dispunha a costurar.

Eu só costuro os pedaços de mim quando os reconheço. Se não reconhecer, serei um eterno vivente da busca e da expectativa do outro. No outro.

Eu não digo contra o sofrer de amar. É lindo o sofrer de amar. É mais nobre do que o sofrer do odiar. O sofrer de amar nos relembra as finitudes, nos relembra as despedidas, as imperfeições, as impossibilidades. Eu não posso tudo, amigo. Ninguém pode.

66

Eu só costuro os pedaços de mim quando os reconheço. Se não reconhecer, serei um eterno vivente da busca e da expectativa do outro. No outro.

— *Gabriel Chalita*

O que eu posso é não fechar os dias sem agradecer aos dias por poder viver. Viver cada uma das emoções.

Você fala de um filme que disse alguma coisa a você em momento de poucos dizeres. Eu trago para a nossa conversa um filme que fez muito sucesso nos cinemas, *Divertidamente 2*.

É um filme que fala sobre as emoções. Em *Divertidamente 1*, as emoções que acompanhavam a protagonista eram a alegria, a tristeza, o medo, a raiva e o nojinho. O filme mostra o quanto as emoções vão dizendo o que dizemos da vida. E há um momento interessante em que a protagonista está prestes a fazer algo muito errado. E a alegria, que parece comandar, não consegue dar conta de evitar o erro. Então, ela pede ajuda da tristeza. E a tristeza faz a menina se lembrar de ensinamentos preciosos de sua vida. A tristeza faz a menina, protagonista, ter saudade dos seus pais, dos seus dias de alegria. E, então, ela está salva.

Divertidamente 2 traz as mesmas emoções acrescentando algumas outras. Agora, a protagonista não é mais criança. Vive a adolescência e suas mudanças. As novas emoções são a ansiedade, a vergonha, a inveja e o tédio.

Há uma guerra entre elas. A ansiedade parece querer dominar a protagonista. Tenta expulsar as emoções primárias, como a alegria. A alegria faz de tudo para voltar e proteger a adolescente.

Aristóteles, no livro 2 de *Ética a Nicômaco*, diz que as manifestações da alma são de três espécies: emoções, faculdades e disposições.

Sobre as emoções, ele nos ensina que não temos o poder de decidir que não as teremos. Eu não posso dizer a mim mesmo que nunca mais terei medo ou que nunca mais terei raiva ou que nunca mais sentirei tristeza. Ou que nunca mais sofrerei de amor.

A questão, para o filósofo, não era ter a emoção, mas a disposição do que fazer com ela.

O que eu faço com os meus medos?

O que eu faço com o meu tédio? Ou com a minha inveja? O que eu faço com a minha raiva? O que eu faço com a dor de amor que sinto? Qual o próximo passo?

É preciso separar a espera da esperança.

A espera parece um aguardar apenas. E há momentos em que é preciso aguardar. Principalmente quando se aguarda o que se deve aguardar para um dia guardar. Não digo guardar em cofres ou em gavetas. Digo guardar nos compartimentos mais nobres da nossa alma. A espera por um momento de calma para dizer calmarias que acalmem quem amamos.

Por que nos apressarmos quando o que menos se precisa é pressa? Por que nos lançarmos na chuva forte das incompreensões quando um pouco de luz ilumina melhor as conversas?

Já disse muitas vezes o que não deveria dizer por não esperar o tempo certo. E, depois, me arrependi. E, depois, disse novamente. Nem sempre o certo. Nem sempre haverei de acertar. Mas a espera, quando se trata de sentimentos, é uma riqueza, amigo, que não devemos desperdiçar.

Há tantas histórias de relações terminadas sem terminar. E de insistências. Ouvi de uma amiga que, depois de algum tempo de término, ela ainda estava de portas abertas para o arrepender. O dele. O dele que foi embora. O dele que já vivia uma vida com uma outra pessoa.

E ela dizia insistentemente que o amor espera. Eu dizia que o amor e a teimosia são semânticas muito diversas.

Essa não é uma boa espera. A espera de que o outro se lembre de que eu existo e me procure. A espera de que algo dê errado na nova relação daquele amor que se foi e que um dia ele volte.

Não. Não creditemos ao outro a crença na vida que precisa ser nossa. Nossa e de mais ninguém.

O amor que alguém não aceitou é nosso. Aliás, não culpemos o outro por não nos desejar. O desejo é meu. O amor é meu. A espera que eu tinha de viver uma vida a dois com essa pessoa é minha. Essa espera é preciso demitir. E reorganizar as nossas emoções. E chorar o tempo do choro. E abraçar o que podemos abraçar para aguardar o amanhecer.

O amanhecer, mesmo o demorado, sempre vem.

E aí está a esperança.

A esperança, amigo, que inclusive nos oferece a compreensão de não viver da espera. Ou do medo que a espera pode

trazer. Ou do antecipar de alguma dor do amanhã. **Calma.**
O amanhã ainda não veio.

Como é aconchegante a palavra de Deus no texto de são
Mateus:

> Não vos preocupeis, pois, com o dia de amanhã: o dia
> de amanhã terá as suas preocupações próprias. A cada
> dia basta o seu cuidado (Mateus 3,34).

A força dessa palavra está no desligamento do que não esteja ao nosso alcance. Quantas antecipações desnecessárias.

Prossigo em uma história de amor sem amor por medo
de um sofrimento que virá depois. Prossigo em um emara-
nhado de erros por medo de tentar acertar. Por medo do
que pensarão de mim aqueles de quem eu compreendi que
preciso me despedir.

Esperar para ver o que acontece em histórias que não
acontecem, talvez, não seja o melhor. Esperar que alguém
resolva por mim o que tenho medo ou preguiça de resolver.

A espera me leva ao não fazer. O não fazer só é bom
quando é silêncio. Quando é recolhimento e preparo.
Quando é paciência. O não fazer do acomodado na espera
de que alguém faça nos retira oportunidades preciosas.

A esperança é ação. É caminhar em direção ao que se acredita. É dizer às pedras tantas que há nos nossos caminhos
que prosseguiremos. Mesmo com os pés sangrando, porque
o prosseguir cicatriza as feridas que doem.

A esperança, amigo querido, é uma amiga que nos é necessária em toda a nossa vida. A esperança acalma as nossas emoções. A esperança nos fortalece nas paisagens que temos de atravessar e que não nos agradam. Nem tudo há de nos agradar, mas o rio precisa prosseguir. Seja pelas margens desgastadas pelos feitos incorretos dos homens, seja pelas margens guardadoras de imagens lindas que nos fazem ver o quanto a natureza é parte de nós e o quanto somos parte dela.

A emoção, amigo, que senti naquele hospital, em que está Gabriel, foi de tristeza, de medo, de alguma ansiedade e de muito amor. Ninguém ali ficou na espera. Foram em busca da medicina correta, dos medicamentos corretos, das ações corretas para salvar a vida. E tudo está sendo feito. E tudo está sendo feito com amor.

O amor é o sentimento maior que recebemos de presente de Deus. E é o amor por aquela família que conheci há tão pouco que me faz ter a esperança de que, em uma próxima conversa, eu possa trazer notícias boas para você.

Afinal, eu acredito no sol e no Sol.

Afinal, todo dia pode ser Natal, porque todo dia na manjedoura, que é o coração humano, um sorriso pode nascer.

Naquele quarto, com aquele sol, havia fotografias daquela família. Tudo para dar aconchego àqueles dias. Eu vi o carinho das enfermeiras. Como eu admiro essa profissão. Cuidar, com os remédios e os sorrisos, dos amores de tantos.

Na porta de cada quarto do hospital estava uma placa com algumas perguntas. Uma delas dizia assim: "Eu sou o amor do(a) _____." No de Gabriel estava: "Eu sou o amor dos meus pais."

Saudade dos meus pais, amigo amado.

A saudade é um sentimento tão bom, não é?

Cultivemos a saudade, a esperança de que o amor é para sempre.

Querido amigo Gabriel,

Se eu pudesse apontar o momento mais esperado da minha semana, seria o domingo à noite, mais precisamente depois das 21h. É nessa hora que chego em casa, depois da exaustão daquele dia satisfatório, mas cansativo.

Algumas pessoas carregam a errônea ideia de que nós, padres, não trabalhamos. Eu gostaria que os que pensam dessa forma passassem uma semana ao meu lado para, quem sabe, compreender a infinidade de obrigações que vão se acumulando e, ao mesmo tempo, trazendo uma sensação de desespero.

No domingo à noite, quando chego em casa, parece que ativo o necessário modo do ócio. Se durante a semana, por descuido ou mesmo pelo cansaço físico, eu durmo um pouco mais, geralmente acordo com um certo peso na consciência, uma autocobrança, mas na segunda-feira, que é o dia de folga dos padres, eu me permito, tenho prazer em não fazer nada.

Quando chego em casa naqueles dias dominicais, eu já vou direto para minha sala, deito no sofá, ainda de sapato, ligo a TV e me permito dormir tarde, comer além do normal, essas coisas que se resumem a não fazer nada. Ali, nem mesmo a consciência me julga.

Caro amigo, me deixe revelar uma particularidade sobre mim: sou muito devoto de Santa Teresinha e de São José. Da santa pequenina me aproximei depois de uma graça alcançada.

Logo no início da minha caminhada ao sacerdócio, eu estava cursando filosofia numa cidade longínqua do interior do Paraná chamada União da Vitória. Nessa época, ainda era difícil se comunicar. Eu havia deixado minha família no Pará, falávamos pouco devido ao custo das ligações, não existiam esses aplicativos de mensagens.

Tenho a impressão de que o sentimento de saudade era mais intenso, então, do que hoje.

Em uma dessas escassas ligações, minha mãe me ligou porque iria fazer uma biópsia, já que uma alteração havia aparecido em seus exames de rotina. Sempre peço nas minhas orações que minha mãe não precise nunca passar por uma grave enfermidade. Parece um pouco de egoísmo uma prece assim, mas sinto que ela não tem estrutura, que é extremamente frágil e temente à morte para além da normalidade. Costumo até mesmo ir com ela nos exames de rotina, para acalmá-la, para dizer que ela não vai morrer, não agora.

Aquele telefonema me angustiou muito. Eu, que estava tão longe, no outro extremo do país, experimentei uma sensação de impotência. Eu não podia fazer nada.

Num dia de faxina do seminário, eu estava cuidando da manutenção externa e vi um dos seminaristas colhendo rosas no jardim. Me aproximei e perguntei o que ele faria com as flores, e ele me disse que levaria para o seu altar de Santa Teresinha, porque estava fazendo a novena. Ele me contou sobre a vida dela, sobre sua vontade de ser tudo. Contou que ela descobriu o amor no coração da igreja e lá encontrou sua vocação.

Ele me contou do desejo dessa menina de ingressar no convento. Segundo ele, Santa Teresinha amava até mesmo as pessoas que a perseguiam. Ele me falou ainda sobre o simbolismo das rosas para quem é devoto de Santa Teresinha. Quando pedimos sua intercessão, ganhamos uma rosa se alcançamos a graça.

Imediatamente tive o desejo de fazer a novena. Eu não tinha uma imagem, mas aquele seminarista me deu um cartão com a foto dessa santa. Pela primeira vez colhi flores para ofertar a alguém, afinal tinha ido para o seminário muito jovem, não tive tempo de dar flores para uma pessoa por quem estivesse apaixonado. Santa Teresinha foi a primeira a receber flores minhas.

Liguei para minha mãe e a chamei para juntos fazermos a novena em intenção daquela causa.

Lembro como se fosse hoje: no dia de Santa Teresinha, 1º de outubro de 2007, saiu o resultado da biópsia, com ótimas notícias. Assim que soube disso, fui até a foto que eu tinha da minha mais nova amiga, chorei e agradeci, e, desde então, a levo comigo.

Santa Teresinha recebeu o título de doutora do amor e padroeira das missões sem nunca ter saído do convento, já que padeceu de uma enfermidade que a levou ainda muito jovem. Como já disse, amigo, no último encontro que teve com o pai, também um homem devoto, os dois, tomados pela doença, sem conseguir pronunciar uma palavra sequer, olharam-se fixamente e apontaram com o dedo indicador para o céu, como se quisessem dizer naquele momento: "Nos encontraremos no céu."

O olhar fala tanto, meu querido amigo Gabriel. Às vezes me pergunto por que as pessoas sofrem dessa maneira. Por quê? Eu me lembro do saudoso papa João Paulo II aparecendo na sacada no Vaticano e tentando falar algo para a multidão que se reunia na praça de São Pedro — em vão, pois ele não conseguia pronunciar nada. Mas o que importa? Ele se fez compreender, falou mais do que poderia ter dito em um enorme discurso.

Por que aquele pai que você encontrou no hospital precisa sofrer tanto? Para ele, seria uma escolha fácil se pudesse tomar para si a enfermidade do filho. Para sua amiga, tenho certeza de que a fé lhe deu naquele momento profunda gratidão pelos tantos anos em que pôde desfrutar da presença da mãe, mas para uma criança de 3 anos é diferente. Quem poderia, por exemplo, julgar aqueles pais caso um deles se revoltasse contra Deus?

Mas sabe de uma coisa, querido amigo? A revolta pode se transformar numa oração talvez mais sincera do que aquelas que provêm dos dias calmos. A verdade é que nunca encontraremos as respostas, mas perceberemos que às vezes a única coisa que vai nos sustentar é a fé. Mesmo quando está abatida, frágil e machucada, a fé continua sendo o que nos coloca em pé e nos faz acreditar. Prova disso foi o pedido honesto do pai de você ajudar com as orações; acho que, no fundo, ele queria expressar que precisava de ajuda, que se sentia tão pequeno diante de tudo.

Permita-me agora voltar ao início desta nossa conversa, quando eu falava do meu apreço pelo domingo à noite. Como lhe disse, eu também tenho um carinho pelo modesto José, o pai adotivo de Jesus. O que me aproximou desse homem não foi sua importância para a humanidade, não foi o fato de ele ser considerado o patrono de toda a igreja; não foi, ainda, a missão difícil e árdua de cuidar dos grandes tesouros de Deus.

José expressa o amor no sentido mais pleno e profundo da capacidade humana de amar. Foi uma vida doada e entregue, uma vida de renúncias, uma vida sacrificada. Nas Sagradas Escrituras, existem pouquíssimas referências a esse homem, mas as que nos sobraram são suficientes. Primeiro sabemos que era um homem profundamente temente a Deus; depois, que era justo. Justo a ponto de entender que os projetos de Deus eram maiores que os seus, que sua vida seria para a humanidade.

66

Mesmo quando está abatida, frágil e machucada, a fé continua sendo o que nos coloca em pé e nos faz acreditar.

— *Padre Patrick*

José amou e nada mais. Como seria bom para os maridos cristãos terem nele uma referência de homem, de esposo e de pai. Cumpririam tão bem sua missão se entendessem que dar a vida pela família é a vontade de Deus para eles.

Mas o que despertou meu carinho para o glorioso José foi uma imagem dele que ganhei; ela retrata são José dormindo. Dizem que não podemos comprá-la, mas ganhá-la.

Essa imagem me chamou a atenção de imediato, me afeiçoei a ela. São José costuma ser representado como um trabalhador, um carpinteiro. Tanto que comemoramos o Dia do Trabalho no seu dia; ele é a referência do homem que trabalha. Mas essa imagem que ganhei o retrata dormindo. Ela quer falar da necessidade urgente do santo ócio, tão importante para os dias atuais.

Precisamos de tempo de qualidade para estar assim, às vezes, sem fazer nada, desacelerar um pouco a vida. É essa a sensação que tenho no final do domingo. É o meu momento de não fazer nada ou de fazer coisas que aparentemente não me acrescentam nada.

O problema é que muitos fazem de momentos como esse um estilo de vida. Tenho um certo pavor da inutilidade, temo viver a vida sem fazer nada.

Dizem que um homem se realiza quando tem um filho, escreve um livro e planta uma árvore. Bom, filhos não terei; o livro, ao que tudo indica, acontecerá; e uma árvore ainda tenho tempo de plantar. A vida é precisamente isto: algumas coisas estão aquém da nossa capacidade, não podemos fazer nada diante de certas situações a não ser rezar e acreditar no Deus do impossível. Outras coisas podemos fazer e fazemos; para outras, ainda temos tempo: basta a coragem de sair do lugar confortável em que estamos.

Para aquela senhora, a morte chegou em paz, assistida pela sua fé. Com certeza, veio com dor para quem ficou, mas não havia lugar para o desespero, nenhuma revolta contra Deus, apenas a sensação da gratidão.

Permita-me partilhar com você outro fato sobre mim: quando eu era criança, e também na minha juventude, eu sentia um medo enorme de velórios. Eu me lembro de alguns que me causaram insônia, passei noites sem dormir porque a imagem do falecido no caixão havia se fixado na minha mente.

Isso durou até o início da minha caminhada sacerdotal. Um dia eu conversei seriamente com Deus: "Senhor, eu quero ser padre e você precisa tirar de mim esse medo de velório, afinal de contas, ao longo da minha vida terei que fazer o serviço de exéquias." Amigo, parece que foi instantâneo, foi de fato uma graça. No decorrer desses 11 anos como padre, eu já perdi as contas de quantas vezes presenciei esse momento, e sabe o que percebo? Quanto mais se tem Deus, menos desesperador é.

Uma vez compareci ao velório de uma senhora de 102 anos que faleceu em casa de forma repentina. Quando cheguei, duas das filhas dela estavam desesperadas. Não eram pessoas de caminhada ou religiosas, mas algumas palavras delas me marcaram naquele dia. Uma perguntou à outra o motivo de Deus ter feito aquilo com elas. Não as julgo, até porque sua dor é importante, mas, quando vou a velórios de pessoas cristãs, percebo algo diferente. A certeza da ressurreição não tira a dor, mas a suaviza. Existe o choro, o vazio, mas há algo que conforta.

A morte nunca dá a última palavra; essa é a certeza do céu. Saber que um dia estaremos todos juntos mais uma vez e agora para todo o sempre.

Quanto àquela criança, eu gostaria de me unir a ela em oração. Mesmo sem a conhecer, eu acredito verdadeiramente, como creio no ar que eu respiro, que ela ainda colherá muitos presentes deixados carinhosamente embaixo da árvore de Natal.

A vida é feita de encontros e, às vezes, nem esperamos: somos surpreendidos. Algumas surpresas dão todo um sabor: você foi para um encontro, mas Deus quis outro que te marcou mais, que exigiu mais de você, que te fez refletir. São as surpresas de Deus. Ele tantas vezes nos espera na esquina, assim como fez com Paulo, que a caminho de Damasco se encontrou com o Cristo e, a partir de então, sua vida nunca mais foi a mesma.

Paulo, que tinha no coração tanto ódio contra os cristãos, havia ido para aquela cidade com o intuito de trazer prisioneiros, todos os que fossem pertencentes ao cristianismo. Mal sabia ele que seria surpreendido.

Nunca estaremos prontos para os planos de Deus, que sempre são bem maiores do que imaginamos. No momento certo, no lugar escolhido, também nós, assim como Paulo, experimentaremos o chão.

A experiência da queda, querido amigo, é necessária. Se a vida nos leva com pressa, às vezes Deus vai permitir o fracasso, pois será aí que sentiremos sua mão estendida para nos levantar. Depois disso, a vida muda. Talvez não estivéssemos atentos aos sinais; eles estavam ali, mas não conseguimos ver.

No chão, podemos nos encontrar com o divino, o quebrantar do orgulho, da prepotência e tantas vezes da soberba que está enraizada em nosso coração.

Olhos educados e misericordiosos são capazes de ver o outro, de ver o carinho de Deus, de ver a si mesmo, porque o olhar para dentro, principalmente nestes dias sombrios e acelerados que vivemos, nos mostrará quão distantes de Deus estamos. Se estamos distantes dEle, que nos criou, que nos amou ao extremo, automaticamente estaremos distantes dos outros, seremos incapazes de perceber a dádiva dos encontros.

Eu sei que às vezes o encontro pode ser difícil, talvez não nos sintamos preparados para ele, mas não podemos nos acostumar à zona de conforto. No processo de ir aonde devemos, se faz necessário um ato de fé, de coragem, que nos faça passar por cima do orgulho para dar o primeiro passo. A partir daí, tudo se torna mais fácil.

O encontro ou o reencontro com Deus, por exemplo, será, num primeiro momento, muito difícil; teremos que nos apresentar diante dEle sem máscaras, sem fingimento.

66

A experiência da queda é necessária. Se a vida nos leva com pressa, às vezes Deus vai permitir o fracasso, pois será aí que sentiremos sua mão estendida para nos levantar. Depois disso, a vida muda. Talvez não estivéssemos atentos aos sinais; eles estavam ali, mas não conseguimos ver.

— *Padre Patrick*

Podemos enganar as pessoas, podemos fingir ser o que não somos, viver de aparências, algo muito comum neste mundo em que vivemos hoje.

São tantos os que querem ter uma vida superficial, tentando a todo momento preencher o vazio com mais vazio. Essas pessoas se escondem atrás das redes sociais, das roupas, das marcas. O retrato é feliz nas redes, nas fotos, mas há lágrimas no travesseiro.

Perante Deus, o encontro precisa ser honesto, vai nos causar vergonha, vai nos ferir, mas o caminho é inevitável; contudo, depois desse encontro, seremos abraçados.

Deus não quer saber de nosso passado, para Ele não importa o que fizemos até aquele dia; o que importa é o de agora em diante. Ele está à nossa espera, e adiar esse encontro é perder uma vida de paz.

Ao longo da nossa vida, encontraremos pessoas, e é preciso valorizar esses momentos em todo o seu sabor; nunca sabemos se haverá uma nova oportunidade.

Eu não quero que ninguém que se aproxime de mim vá embora da mesma forma como chegou; de alguma maneira, sinto a obrigação moral de marcar de um jeito positivo a vida dessa pessoa. Mas existem os encontros que exigem mais, principalmente para aqueles que precisamos reencontrar, aqueles que nos feriram, que nos machucaram, que nos decepcionaram.

O perdão, querido amigo, não é fugaz; pelo contrário, é um ato de fé. Perdoar não é esquecer e ter a intimidade recuperada: o perdão é a capacidade de arrancar do coração o poder do ódio, que é um câncer a nos corroer. Ele tira de nós o que temos de melhor, tira nossa paz, tira a serenidade, tira a bondade, tira até mesmo nossa fé.

Eu sei que o processo de cicatrização é lento e requer tempo, eu sei ainda que as marcas ficarão para sempre, mas chegará um momento em que não vai doer mais. E entendo que cede primeiro quem tem mais Deus no coração.

Encontrar-se com as lembranças do passado pode doer, mas depois vai nos trazer a paz.

Por fim, também importante é o encontro consigo mesmo. Olhar para o espelho não vai revelar aquilo que está dentro, mas somente o exterior, o que todos veem.

A pedagogia de Jesus era o oposto: o Mestre enxergava por dentro, com o coração. Todos viam tão somente os erros, os pecados, as enfermidades, mas com Ele era diferente, por isso todos se apaixonavam, ficavam encantados pelas palavras que saíam de sua boca, pelos sinais que ele dava.

Então, olhar para o nosso corpo não nos dará a dimensão daquilo que está dentro.

Eu entendo que o encontro com o passado é difícil também porque devemos retornar a lugares trancados lá no nosso íntimo mais profundo, lugares que não temos nenhum desejo de trazer à tona. São nossos traumas, medos, lembranças doloridas e sombrias que estão lá e que talvez estejam nos impedindo de sermos livres de verdade.

Arrancar tudo isso de dentro é como fazer uma faxina na alma. Essas feridas não definem quem somos, e vamos perceber que muitas vezes a culpa sequer foi nossa. É por isso que insisto muito que as pessoas tirem das costas as cruzes que não precisam carregar.

Algumas cruzes são inevitáveis à nossa condição, não temos como fugir delas — o próprio Senhor nos disse que na vida teríamos que carregá-las para poder chegar ao seu Reino —, mas penso que algumas estamos levando sem necessidade.

Se retirarmos esse peso dos ombros, as cruzes que são nossas, de fato, serão mais leves. Nossas faltas, nossas misérias e mesmo nossos pecados não são nada perto da dignidade e do valor que temos diante de Deus.

66

O perdão, querido amigo,
não é fugaz; pelo contrário,
é um ato de fé. Perdoar não
é esquecer e ter a intimidade
recuperada: o perdão é a
capacidade de arrancar do
coração o poder do ódio, que é
um câncer a nos corroer.

— Padre Patrick

A leveza do perdão

Querido padre Patrick,

Como é bom conversar, como é bom ouvir os seus dizeres em seus textos honestos. Como é bom sermos nós mesmos, humanos. Digo isso porque vivemos tempos em que os humanos se imaginam heróis, perfeitos, prontos. Características que não cabem a um humano.

Os humanos erram. Os humanos tropeçam. Os humanos choram. Os humanos carecem dos outros humanos para a ventura da vida. Os humanos ficam mais humanos quando percebem tudo o que cabe em um abraço.

Você traz a linda imagem de Santa Teresinha e fala da simplicidade. Das rosas. Da chuva de rosas que era o seu pedido a Deus. Chuva de rosas. Chuva de bênçãos. Chuva de delicadezas. Você diz também de são José. Há tanto a se falar sobre o não falar, sobre o silêncio, sobre a carpintaria da nossa alma, sobre o que nos liga a Deus. Mas vou deixar esse assunto para a nossa última conversa deste nosso primeiro livro juntos.

Que tal falarmos um pouco sobre o perdão?

Você diz que o perdão não é algo fugaz, e eu concordo plenamente. O perdão é, sim, um ato de fé e é também um ato de inteligência. A palavra "inteligência" vem da palavra latina "*intelligere*", que é formada por "*intus*", que significa "entre", e "*legere*", que significa "escolher", "eleger". Usar da inteligência significa fazer as escolhas corretas. Escolher a mágoa não é uma escolha correta, escolher a vingança não é uma escolha correta. Escolher desperdiçar a vida cutucando uma ferida vivida atrás, definitivamente, não é uma escolha correta.

É preciso seguir adiante mesmo diante das dores provocadas, injustamente, por outros em nós. Eu concordo que o processo de cicatrização requer algum tempo. E concordo que a fé nos ajuda.

Sabe, padre, eu moro muito perto de uma igreja de Santa Teresinha. Uma igreja a que minha mãe gostava muito de ir. Como era bom estar com ela nas novenas de Santa Teresinha. Nas missas festivas. Nas músicas alegres.

Que bonita a história que você conta com sua mãe. A fé de vocês dois juntos. O amor umbilical, de mãe e filho, quando há dor, fica ainda mais forte.

De onde eu moro, ouço os sinos da igreja. Ouvir os sinos é viajar pelas estradas da memória e voltar ao porto de onde saí. Na minha cidade, Cachoeira Paulista, eu ouvia os sinos da igreja de São Sebastião. Era o meu despertador todas as manhãs. Era o meu despertar com as lembranças da alegria, que era quem convidava para mais um dia.

Na igreja de Santa Teresinha, tão perto de mim, eu já vivi momentos muito profundos. Chorei sozinho diante do seu altar quando sofri uma injustiça imensa, fruto de tramas políticas. Eu olhava para sua imagem e dizia: "A senhora sabe que eu não fiz isso, a senhora sabe que essa acusação é falsa."

No dia do julgamento, eu estava lá, aguardando. Quando terminou, o advogado me ligou e disse: "Fique tranquilo, a justiça foi feita." Eu chorei muito, de gratidão. A injustiça dói, meu amigo, como dói.

Pois bem, padre, algum tempo depois, eu vi a pessoa que fabricou esse dossiê contra mim. Eu soube de como a trama foi construída. No dia em que o vi, depois desse tempo todo, depois de ninguém mais falar sobre aqueles fatos, aqueles fatos tramados contra mim, eu vi que ele estava doente. Com a aparência horrível. Uma imagem carcomida talvez por tantas maldades que ele ofereceu à vida. Eu olhei para ele e confesso que naquele momento fiquei feliz em ver sua decrepitude. E outros que o ajudaram também foram perdendo os seus poderes, todos caíram.

No mesmo dia, amigo, eu fui à noite a uma missa de Santa Teresinha e pedi, com força, que eu limpasse de mim aquela história. Eu não queria ser um acumulador de ódios. Eu queria de volta a paz de não mais pensar no mal que me fizeram. E mais. Aprender com aqueles fatos. Ter sofrido aquelas injustiças me ensinou a ter mais compaixão com irmãos meus, também vítimas de injustiças.

Eu achei linda a honestidade da sua oração com Deus dizendo que você não poderia continuar tendo medo de velório, que Ele precisava resolver. E Ele resolveu. Eu usei da mesma honestidade e saí daquela igreja limpo. Era como um banho de alma. Ou um banho das rosas perfumadas de Santa Teresinha. Porque as mágoas cheiram mal. É preciso ter a coragem e a sabedoria para lavar as mágoas e prosseguir.

Quando escrevo essa história, é claro que a lembrança daquelas mentiras diz alguma coisa para mim. Mas eu confesso que, hoje, diz sabedoria e não raiva. A sabedoria de saber que ninguém que pega em pedras para apedrejar um irmão seu sai impune do mal causado. As pedras machucam as mãos. As palavras malditas machucam a alma. As tramas machucam a humanidade que mora no tramador.

Como eu gosto do livro *Os miseráveis*, de Victor Hugo. A história de Jean Valjean e sua saga. A prisão por furtar pães para alimentar os filhos da irmã. Sua tentativa de voltar à vida. Seu algoz, o inspetor Javert. Seu sonho de mudar de vida depois que um bispo, monsenhor Bienvenu, o olha nos olhos e lhe ensina, com gestos, a bondade.

"Bienvenu" vem de "bem-vindo". Sua história é linda. Um homem cuja casa não tinha trancas nem fechaduras. Sua alma não tem trancas nem fechaduras. Quando ele viu Jean Valjean jogado na rua, cheio de machucaduras, fez o que sempre fazia, o convidou para entrar em sua casa.

Comeram juntos, mas o sofrido Jean Valjean teve medo, teve medo de mais maldades contra ele. Resolveu, então, furtar o bispo e partir na noite escura.

O texto é cheio de metáforas. Era uma noite escura na alma daquele homem. Quase vinte anos de prisão por furtar pães e por tentar fugir. E, depois, um documento de "extremamente perigoso" que o impedia de arrumar algum emprego. E, depois, as humilhações de tantas portas que se fecharam. E a porta que se abriu ele não compreendeu, porque era noite dentro dele.

Quase no amanhecer, os policiais trazem o homem de volta com o fruto de seu furto, algumas pratarias do bispo. Acordado pelo barulho, vendo aquela cena, o bispo tem compaixão e diz aos policiais que ele não havia furtado, que eram presentes que ele havia dado àquele homem. Jean chora muito e, olhando aquele gesto, jura amanhecer para sempre. E amanhece.

A história prossegue. Ele vira um novo homem. Mas Javert, o inspetor, prossegue em sua tarefa insana de o encontrar. Quando o encontra, vê que era um novo homem, mas quer cumprir a letra rigorosa da lei. Jean Valjean foge. Ele tem que cuidar de uma menina, Cosette, filha de Fantine, que morreu em seus braços.

A história prossegue. E há um momento em que Jean Valjean pode se livrar de Javert. Ele não o faz. Ele vive a bondade que aprendeu com aquele gesto do bispo cujo nome era bem-vindo.

Li muitas vezes esse livro, vi mais de uma versão do filme e assisti dezenas de vezes ao musical. Eu sempre fico emocionado. Há outras personagens e outras tramas nessa bela obra de Victor Hugo, o mesmo Victor Hugo que escreveu *O último dia de um condenado à morte*, para sensibilizar as pessoas sobre os horrores da pena de morte na França do seu tempo.

Padre, como seria bom se nós pudéssemos dizer às pessoas que precisam de nós que sejam bem-vindas. Como seria bom se nós tivéssemos essa disposição amorosa de compreender que o verbo "acolher" é muito mais nobre, muito mais humano, do que o verbo "julgar" ou do que o verbo "acusar". Os acusadores na história cometeram muitas injustiças. E prosseguem cometendo.

Jesus foi vítima desses julgamentos com amontoados de tramas, de mentiras, de incompreensões. Como é fácil plantar inverdades na mente das pessoas. Das pessoas que afugentam a inteligência por não compreender a importância do pensar, do escolher, do eleger.

Eu elegi a alegria para minha vida, amigo amado, e não abro mão. Onde posso, planto a alegria. Foi por isso que, naquele dia, na igreja de Santa Teresinha do Menino Jesus, pedi a Jesus que lavasse as minhas mágoas, que eu pudesse reencontrar a paz com lembranças bonitas dos dias passados.

É esse um exercício de sabedoria, substituir as lembranças ruins por boas, substituir as reclamações por agradecimentos, substituir os ódios por amor.

"

Como seria bom se nós tivéssemos essa disposição amorosa de compreender que o verbo "acolher" é muito mais nobre, muito mais humano, do que o verbo "julgar" ou do que o verbo "acusar".

— *Gabriel Chalita*

É o amor que nos faz recuperar a intimidade com a nossa alma quando nos sujam, quando nos apedrejam.

Que linda a imagem daquela mulher pecadora olhando para Jesus e Jesus olhando para ela. Que lindo aquele silêncio barulhando as consciências dos homens acusadores com as pedras nas mãos. Aquele olhar era um incômodo para os hipócritas e era o cômodo sagrado do amor para aquela mulher. Jesus a perdoou. Jesus a perdoou para que ela perdoasse a si mesma.

Quando falamos do perdão, é necessário também falarmos do autoperdão. É preciso perdoar a nós mesmos. Não faz sentido escarafuncharmos os erros do passado e nos flagelarmos constantemente pelos ontens que se foram. Quando o grande pensador Ortega y Gasset afirmava "eu sou eu e as minhas circunstâncias", ele queria, inclusive, nos fazer compreender que nem sempre as nossas escolhas são fruto das nossas escolhas. É preciso buscar os sentidos que nos rodeiam, as influências que nos trouxeram até aqui.

Um dia, um amigo contou para mim suas incompreensões com seu pai, já falecido. Ele falou de uma cena que me deixou profundamente tocado. O pai comprou a ele uma bicicleta. Disse que era preciso guardar a nota fiscal. Que o mundo era injusto. Que pelo fato deles serem pretos a injustiça era ainda mais letal.

Um dia, esse amigo, adolescente, foi abordado pela polícia. O policial não acreditou que a bicicleta fosse dele. Chorando, convenceu o policial a ir até sua casa. Aliás, só foi convencido porque uma mulher policial se solidarizou e disse que não custava verificar. Chegando lá, o pai garantiu que a bicicleta era do filho. E mostrou a nota fiscal. Eles deixaram o adolescente, hoje homem, meu amigo.

O fato é que, depois do ocorrido, o pai bateu no filho. E era isso que ainda doía no meu amigo, anos depois da morte do pai. Ele não havia feito nada de errado. Ele já havia apanhado na alma pelo preconceito daquele policial. Eu nunca saberei o que é isso. Eu nunca passei por isso, ou melhor, eu nunca teria como passar por isso. Mas a pergunta que o incomodava era por que o pai não o abraçou naquele momento e choraram juntos? Por que ele agiu com violência?

Eu disse ao meu amigo: "Imagine o que o seu pai passou antes, na vida dura. Imagine os preconceitos, as humilhações, as dores. Ele bateu em você, erroneamente, sim, mas para te proteger. Eram os seus medos que davam aqueles tapas."

Meu amigo chorou. Disse que o pai bateu e depois o abraçou. E pediu para que tomasse mais cuidado. Ele insistia dizendo "Eu havia tomado cuidado, eu não havia feito nada de errado." A única coisa que eu pude dizer foi: "Perdoe o seu pai, é o que ele tinha, naquelas circunstâncias, para te oferecer."

A cada dia, padre, tento ser menos juiz e mais amante. Tento julgar menos, principalmente as pessoas que menos conheço. Como eu vou julgar se não estava vivendo as circunstâncias que as fizeram agir daquela maneira? Sabemos nada das outras pessoas. E, mesmo sem saber, saímos dizendo o que deveriam ter feito ou o que deveriam ter deixado de fazer.

Eu já me julguei por escolhas erradas, por confiar em quem não devia, por dizeres precipitados, por falta de autenticidade. Eu já me julguei por não ter defendido quem eu deveria ter defendido. E passei tempos remoendo o momento em que alguém sofreu e eu não tive reações.

Eu tive que me perdoar. Perdoar aquelas circunstâncias.

Eu ainda me lembro. Eu era um estudante de direito, estagiário do Ministério Público de São Paulo, quando vi um promotor fazendo uma acusação mentirosa contra alguém. Eu tentei dizer. Ele foi ríspido comigo. Ameaçador. E eu, por medo, não defendi quem eu deveria ter defendido.

Eu pedi desculpas, mais de uma vez, àquele jovem. Ele me desculpou no meu primeiro pedido de desculpas. Mas eu não me desculpava. Porque a covardia conduziu a minha ação ou a ausência dela naquele dia. Demorei a conversar comigo mesmo e mostrar para mim mesmo que eu fiz o que eu consegui fazer naquele tempo.

Na nossa outra conversa, eu falei daquela senhora, mãe de minha amiga, quase centenária, que faleceu. Ela tinha uma outra filha, que não estava com a irmã no hospital, que era ausente. No velório, a filha ausente chorava muito. Ao contrário da minha amiga, tão serena. Quando ela me abraçou e me disse que deveria ter dito para a mãe o quanto a amava, eu disse a ela: "Diga agora. Diga. Do lugar Sagrado ela vai te ouvir."

66

O que não podemos é olhar para trás e ficarmos olhando para trás. O passado não pode nos prender no passado. O não perdão é um aprisionamento ao passado. A vida segue.

— *Gabriel Chalita*

Padre querido, eu não estou dizendo com isso que não devamos nos arrepender dos nossos erros, que não devamos olhar para trás e aprender. O que não podemos é olhar para trás e ficarmos olhando para trás. O passado não pode nos prender no passado. O não perdão é um aprisionamento ao passado. A vida segue, amigo.

Há muitas histórias em que, em uma relação, uma das partes se sentia muito segura e não tratou com amor merecido a outra parte. E a outra parte, um dia, partiu. E quem ficou, ficou partido. O que fazer quando a parte que partiu não quer mais voltar? O que fazer quando a parte que partiu encontrou uma outra parte que não negou amor, respeito, e que, portanto, resolveu ficar?

Paciência. Valeu o aprendizado. Valeu a decisão de prosseguir e de valorizar o que se tem e não o que falta. Eis um erro comum.

Schopenhauer dizia que nossa vida é uma constante oscilação entre a ânsia de ter e o tédio de possuir.

A parte que não compreendeu o prazer de caminhar acompanhado da parte que se foi, talvez aprenda. Talvez, em uma outra história, consiga construir uma história de verdade.

Para que outra história surja na nossa vida, é essencial lavarmos as mágoas das histórias que se foram. Estou insistindo no lavar das mágoas porque é o que sinto que é libertador. Senão viveremos de acusações contra os outros e contra nós mesmos.

Como é comum culparmos os nossos pais por marcas que ficaram em nós. Por ausências. Por dizeres duros. Por escolhas que na nossa visão foram erradas. Quem somos nós para julgar as outras pessoas em outras circunstâncias?

Quem somos nós para julgarmos a nós mesmos? Somos o hoje. Que é diferente do que fomos ontem. E é diferente do que seremos amanhã. Se eu quero chegar inteiro amanhã, é preciso ter a coragem, a sabedoria de limpar o ontem.

Limpar não é esquecer. Limpar não é fingir que não existiu. É fazer as pazes com o que existiu e que trouxe alguma dor. É dizer a mim mesmo: "Eu te perdoo. Você fez o que você podia com o que você tinha naquele momento."

Padre Patrick, a ausência de perdão nos apequena. Deixamos de ver o mundo imenso para vermos as baixezas das nossas atitudes ou das atitudes de outras pessoas, não importa. O que importa é que é um pecado com a nossa história nos desviarmos dos cenários que nos convidam a prosseguir. Somos maiores do que os nossos erros. Nos tornamos injustos quando diminuímos a nós mesmos. Não temos esse direito. Se já fizemos isso em algum momento, que saibamos nos perdoar e prosseguir.

Jesus perdoou inclusive aqueles que o humilharam, o crucificaram. Jesus perdoou os que estavam com ele e tiveram medo de defendê-lo. Foram as circunstâncias. Eram eles humanos e não anjos. Somos nós também humanos. Humanos que erram. Humanos que tentam acertar. Humanos que, muitas vezes, se perdem nos barulhos de fora e de dentro da gente, das gentes.

66

Quem somos nós para julgarmos a nós mesmos? Somos o hoje. Que é diferente do que fomos ontem. E é diferente do que seremos amanhã. Se eu quero chegar inteiro amanhã, é preciso ter a coragem, a sabedoria de limpar o ontem.

— *Gabriel Chalita*

Gosto das gentes, padre. Gosto de ouvir histórias e de pensar sobre elas. Gosto de olhar os meus olhos para ver que eu já vivi, para os medos que eu já tive, para as inseguranças que já me paralisaram e para as atitudes que eu tive que ter para chegar até aqui.

Até aqui onde?, pergunto para mim mesmo.

E respondo, amigo: para o lugar da alegria.

Completei este ano 55 anos de vida. É tempo! Passou rápido, passou muito rápido. Sinto que a juventude prossegue minha amiga. Tenho a disposição necessária para alimentar meus dias de muita vida.

Gosto do que faço, amigo. Gosto muito. Gosto do cansaço de ter que preparar aulas, palestras, escritos, reuniões, entrevistas. Gosto de ser servo da palavra. De respeitar a palavra que me dizem e a palavra que digo. E gosto do descanso.

Eu entendo o seu prazer do domingo à noite depois da consciência da missão cumprida. O deitar a vida para silenciar o ter que fazer. Eu faço muitas coisas, trabalho em muitos lugares, mas digo, com muita humildade, que consegui o que muitos irmãos meus não conseguem, pelas necessidades materiais que têm. Eu consegui trabalhar só em lugares que me dão alegria. Eu digo isso com cuidado porque sei que há muitos que gostariam de mudar seus empregos e ainda não conseguem. Porque têm famílias para sustentar, porque não têm o dinheiro necessário para poder largar o que não traz realização pessoal ou profissional e partir para outras paragens.

O tempo é um ensinador, amigo, do uso da nossa inteligência. Quero voltar a esse conceito. Usar da inteligência é usar da nossa capacidade de escolher. Eu não devo escolher o que me diminui ou o que diminui um irmão meu. Eu preciso prosseguir vencendo a ânsia de ter o que não tenho e demitindo o tédio de ter o que tenho. Viver das insatisfações é descompreender a alegria. A alegria se dá no simples, no cotidiano, no cheiro do bolo de milho com coco que a Maria de Lourdes, que trabalha comigo, faz. Ou no macarrão com queijo e ovo que eu faço muito bem. Ou no feijão com couve. Ou no pão com manteiga acompanhado de café e de conversa.

As nossas conversas, amigo, têm sido à distância. São as palavras escritas que nos unem. Mas merecemos as conversas boas que já tivemos. Olhos nos olhos. Atenção. Sorrisos. E o prazer de estarmos juntos. Como é bom o sentimento da amizade. Fui acompanhando a divulgação do seu novo show e fiquei feliz por você. A admiração é um sentimento lindo que explica a amizade. Admirar significa mirar com amor, olhar com amor.

Tristes são aqueles que olham com inveja, que olham com ódio, que olham com ausências. É tão bonito olhar com amor. É tão bonito aplaudir as conquistas do outro. É tão bonito reconhecer no outro um irmão meu, um irmão feito do mesmo barro de que sou feito, do barro que vai se moldurando com a vida, com os bons encontros, como o nosso. No barro que é pedra preciosa, também. Pedra a ser lapidada. No existir.

No olhar para trás e aprender e agradecer. No olhar para a frente e dizer "sim". E prosseguir. No olhar para o hoje, para as circunstâncias do hoje, e não desperdiçar o bom de estar.

É no hoje, amigo, que nascem esses dizeres. É no hoje, ensolarado ou chuvoso, frio ou quente, que nos agasalhamos de palavras e de amizade. Que bom é o viver!

Querido amigo Gabriel,

Que bom que em sua última conversa você nos incentivou a falar sobre o perdão. Confesso que, a meu ver, este é o momento mais difícil de verbalizar aquilo que o coração sente.

Em primeiro lugar, eu concordo que o ato de perdoar não é jamais um esquecimento. Como seria fácil se simplesmente pudéssemos passar um corretivo sobre as lembranças para não precisarmos mais sofrer. Como apagamos as palavras erradas de um caderno e quase instantaneamente escrevemos algo novo por cima.

Eu me lembro da minha transição da antiga quarta série para a quinta série. Que memórias gostosas tenho do meu tempo de escola, e, quando cheguei nesse período, era tudo diferente: não tínhamos mais uma professora para todas as disciplinas; agora era um professor para cada matéria, e não eram mais chamados de tios. Não escrevíamos mais a lápis, agora era com caneta azul ou preta — as vermelhas eram usadas apenas para os títulos.

Parecia uma mudança da infância para a adolescência, que época maravilhosa. Como era bom o início de cada ano, o material escolar novo, um caderno com várias matérias. E, já que deveríamos escrever à caneta, a lista de material precisava incluir um corretivo. Eu adorava, às vezes errava de propósito para poder usá-lo. Eu pincelava aquela tinta branca por cima e, como mágica, podia consertar o erro. Era como se ele nunca tivesse estado ali, por mais que as marcas o acusassem.

Não tem como esquecer, tampouco apagar, por isso é necessário um ato de fé. É isso, amigo. Bem lá no fundo, perdoar, ainda que involuntariamente, é acreditar que é o certo a fazer.

Vamos falar um pouco sobre a experiência da dor da decepção. É cruel e vem de onde não se espera, geralmente por pessoas que você estima, e te coloca em uma situação de revolta, gera uma semente de ódio que tende a crescer cada vez mais até fugir do controle. Às vezes romantizamos demais nossas relações, colocamos sobre as pessoas tantas expectativas que acabamos nos frustrando. As pessoas são limitadas, cheias de defeitos, e inevitavelmente, em algum momento, vão nos decepcionar. Afinal, somos humanos, e humanos demais.

Mas, querido amigo, vou me ocupar agora de descrever o que eu sinto sobre perdoar. Sabemos que não é fácil falar sobre esse assunto. Pelo contrário, deparamos tantas vezes com o ódio enraizado em nossos corações que ficamos cegos, permitimos que um sentimento tão nocivo se apodere de nosso ser a ponto de nos consumir. Não poucas vezes chegamos a proclamar sermos incapazes. Eu mesmo já ouvi muito isso nos direcionamentos: "Padre, eu não consigo perdoar."

Na verdade, todo ser humano foi criado para o perdão. Existe em nós uma inclinação natural para liberar o perdão. Na oração do Pai-Nosso, sem nos darmos conta, fazemos uma súplica honesta pelo perdão de Deus e nos comprometemos a perdoar aqueles que precisamos perdoar. Mas não é o que fazemos. Não existe sinceridade de nossa parte, não existe propósito, nos acomodamos, e, quanto mais o tempo passa, pior vai ficando. Tentamos mascarar ou nos isentar da culpa, coisas do tipo "eu não odeio, só tenho mágoa". No fundo é tudo o mesmo, uma ferida que ainda não está cicatrizada. Ou mesmo dizemos "já perdoei, mas quero distante de mim". As palavras são pronunciadas inclusive com tons de rancor.

Querido amigo, não tenho muitas lembranças de minha infância e adolescência na igreja. Eram escassas as vezes em que eu estava em uma missa, coisa bastante esporádica. Minha presença se resumia à catequese ou a alguma missa extraordinária em que eu nem sequer compreendia o mistério que estava sendo celebrado.

Não havia aquele encontro sincero com o Cristo, aquele que muda a vida, o que na teologia chamamos de metanoia, como já disse, palavra grega que traz para o cristianismo um significado elevado e espiritual, que é a mudança de vida, consequência daqueles que se deixam apaixonar pelo Senhor. O homem velho não dita mais as regras, não fala mais alto.

Tudo se transforma — o modo de falar, de agir. Tudo, absolutamente tudo se faz novo.

Jesus expressa esse processo do desabrochar do homem de Deus no Evangelho da Misericórdia:

> Ninguém põe vinho novo em odres velhos. Porque o vinho novo arrebentaria os odres velhos, ao contrário, vinho novo em odres novos (Lucas 5,37-38).

O vinho novo mencionado no Evangelho de Lucas é símbolo do homem redimido, salvo e perdoado, aquele que se deixou tocar pelo Senhor, que teve sua vida transformada. Não há mais espaço para as coisas antigas, não nos conformamos mais com a vida velha. Tudo novo, vinho novo.

No quintal da casa da minha avó, lá no interior do Espírito Santo, tem um parreiral. Parreiral talvez seja um exagero de minha parte; tem um pé de uva, que se espalhou, ramificou. Embaixo dele, em uma mesa de concreto construída há anos, nos reunimos sempre para jogar baralho, dominó, ou mesmo jogar conversa fora. É tão bom quando nos reunimos debaixo daquele pé de uva. Hora ou outra colhemos algumas uvas. Não são tão boas, mas trazem uma memória afetiva.

O vinho era um artigo caro para o povo de Jesus. A imagem da videira, que se espalha, que produz fruto, e depois a imagem do fruto da uva, esmagado, fermentado, que traz uma alegria que não passa, não estão pautadas naquilo que é passageiro, mas nas coisas do céu.

A novidade do encontro com o Ressuscitado não condiz mais com o antigo eu, por isso o vinho novo arrebenta o odre velho; o antigo vasilhame já não é suficiente para manter a novidade do Evangelho. Quando isso acontece de verdade, meu amigo, o perdão não deixa de ser uma tarefa árdua, mas se torna natural, quase como uma exigência do ser cristão.

Eu me lembro desse meu encontro com Ele que gerou em mim a metanoia. Eu tinha meus 18 anos quando um amigo me convidou para participar de um encontro de jovens. Eu, que nunca fiz objeção a religião nenhuma, me interessei. Fui até lá sem expectativa alguma, mas sem dúvida foi um dos melhores finais de semana da minha vida.

Saí daquele lugar apaixonado, encantado por tudo o que tinha vivido. Se pudesse, eu subiria num telhado e gritaria para todo mundo escutar o quanto Deus era bom e o que ele tinha feito na minha vida. Lembrando da uva que se torna vinho, eu me sentia exatamente assim: parecia que tinha sido esmagado para ser transformado, as coisas antigas não preenchiam mais meu coração; havia agora um desejo pela vida nova.

Pedro expressou no evento da transfiguração de Jesus aquilo que eu estava sentindo: "É bom estarmos aqui" (Mateus 17,4).

Eu de fato não queria descer do monte. Quando aquele encontro terminou, era como se eu tivesse que voltar para a vida de antes, aquela que eu não queria mais.

Não creio que fosse um sentimento coerente. Hoje sei que eu deveria descer a montanha, que minha fé não podia ficar somente naquele plano. Como acontecia com todos, ela precisaria ser provada como o ouro no fogo, mas o que esperar de um menino de 18 anos que estava encantado? Em minhas orações, sempre peço ao bom Deus a graça de voltar ao primeiro amor, o do encantamento, o do apaixonar-se para me dar as forças necessárias para enfrentar a realidade que exige de mim uma resposta de fé.

Assim aconteceu. Quando desci da montanha, fui posto diante de decisões que precisei tomar. Acredito de verdade que sempre cede primeiro quem mais tem Deus no coração. O primeiro passo dará aquele que mais for sensível à graça de Deus.

Carreguei durante anos uma grande mágoa de meu pai. A realidade da separação, do abandono enquanto eu era criança de colo, me fez crescer com sentimentos ruins em relação a ele. Não tínhamos uma convivência ou uma relação sadia; eu nunca soube o que era sentir afeição pela figura paterna. Quando você me relatou suas experiências ou mesmo a dor da saudade de seu pai, eu parei para pensar que eram coisas que nunca vivi, que nunca senti, e talvez por isso eu não saberia mensurar o tamanho de sua dor.

Mas nosso reencontro provocou em mim uma libertação de toda mágoa que eu tinha dele. Foi como se tivesse tirado das costas um fardo pesado que eu vinha carregando havia anos. Encontrá-lo depois de ter descido do monte não foi difícil — ao contrário, foi leve, foi coisa de Deus.

Se eu tivesse esperado uma atitude dele, talvez estivéssemos no mesmo lugar até hoje, com um muro entre nós. Alguém precisava ceder, afinal o orgulho nos aprisiona, e eu não quero nunca me deixar ser trancado por ele.

Sabe, querido amigo, quando foi que eu tive a certeza de que o havia perdoado? Alguns anos atrás, ele me chamou para celebrar uma missa de ação de graças pelos 25 anos de casados dele com minha madrasta, que ele havia conhecido na época em que partiu de nossas vidas. Era uma missa especial, afinal de contas, principalmente neste mundo levado por coisas passageiras e sem profundidade, é cada vez mais difícil encontrarmos relações que celebram bodas de prata ou ouro.

Eu aceitei e fiquei feliz por estar lá. Celebrei uma missa linda, embora minha mãe talvez não tenha gostado tanto assim da ideia.

Não somos amigos próximos, não temos uma relação de intimidade como você tinha com seu pai. Mas temos o suficiente, o necessário. Exatamente aquilo que Deus esperava de mim. Nós conversamos quando vou ao Espírito Santo. Sempre procuro visitá-lo, peço a benção. São coisas que podem parecer pequenas, mas foram consequências do processo de perdão, e a ferida foi cicatrizada.

Não pretendo aqui justificar uma conduta errada, não quero encontrar motivos ou razões, que talvez nem sequer existam, mas para mim é muito clara a maneira como Deus foi conduzindo minha história. Eu tenho plena consciência de que, se meu pai não tivesse se separado da minha mãe, ela não teria ido embora uma primeira vez para o Pará, sozinha, dentro de um ônibus, comigo no colo e grávida do meu irmão, enfrentando três dias de uma viagem longa e desgastante para qualquer pessoa, ainda mais para ela nessa situação. Ela foi embora atrás de ajuda financeira com os irmãos dela, que àquela altura estavam morando aqui no Pará.

Se ele não tivesse nos deixado, por outro lado, eu não teria feito aquele retiro na igreja que mudou minha vida, não teria ido para o seminário, não teria me tornado padre. Tenho certeza de que não teria nenhum tipo de reconhecimento e tampouco estaria hoje escrevendo um livro com o premiado Gabriel Chalita.

Nós nunca sabemos quais são os planos de Deus para nossa vida, mas sempre são bem maiores do que podemos imaginar. Só precisamos estar prontos e preparados da melhor maneira para o que ainda está por vir.

Depois disso, havia outra pendência para ser resolvida na minha vida, essa talvez um pouco mais difícil.

Minha mãe veio para o Pará e aqui teve o segundo filho, o meu irmão. Logo em seguida voltou para nossa terra, e lá nós dois crescemos e vivemos os primeiros anos da infância. Quando eu tinha uns 7 anos, em busca de melhores condições de vida, ela resolveu voltar para o estado do Pará. Viemos todos — eu, ela e meu irmão —, e logo depois ela conheceu um homem com quem veio a se casar. Ele seria o pai da minha irmã.

❝

Nós nunca sabemos quais são os planos de Deus para nossa vida, mas sempre são bem maiores do que podemos imaginar. Só precisamos estar prontos e preparados da melhor maneira para o que ainda está por vir.

— Padre Patrick

Esse homem era extremamente violento, agressivo com todos nós. Sem dúvida foi a pessoa que despertou em mim o pior lado. Eu tinha sentimentos de repulsa por ele, um desejo de morte que me inflamava de ódio. Era horrível perceber que minha mãe estava vivendo uma prisão e não conseguia se libertar.

Ela não tinha culpa, querido amigo, e as primeiras destinatárias daquilo que eu falo são as mulheres. Foi por isso que resolvi dar voz a elas, e escuto a todo momento relatos que me deixam uma sensação de impotência.

São tantas mulheres agredidas, violentadas, humilhadas, às vezes com sua liberdade roubada. Quando paro para escutar esses dramas, me esforço o máximo para convencê-las de que a vida delas é um dom, mas, com tantas marcas, às vezes se torna uma tarefa dificílima.

Sempre que atendo uma mulher que foi traída e que me pergunta se deve ou não perdoar, a primeira coisa que quero saber é se ainda existe amor. Geralmente sim, por isso mesmo elas estão sofrendo. Eu penso que a condição fundamental para perdoar é ser movido pelo amor.

Se existe amor, o perdão sempre será a via mais fácil. Depois, é hora de saber se existe arrependimento da outra parte, propósito de mudança. Se há, então vale a pena, pelo propósito, pela família, pelo compromisso firmado com Deus. Agora, se se percebe que esse comportamento é recorrente, se aquela mulher vive uma vida inteira sendo traída, agredida, não vejo possibilidade de permanecer.

66

A condição fundamental para perdoar é ser movido pelo amor.

— *Padre Patrick*

Eu sei que existem situações complexas, que envolvem inclusive nossa fé, mas devemos sempre responder a uma pergunta: será que Deus realmente quer que eu permaneça? Sabe, amigo, quando uma mulher me relata que é violentada, ferida e humilhada, eu me recuso a mandá-la de volta para casa para rezar pela conversão de seu marido. Se fizesse isso, eu seria omisso. Eu me sinto com a responsabilidade moral de convencer a mulher a se libertar dessa situação, a buscar ajuda, inclusive.

Eu percebia que minha mãe vivia exatamente isso, um relacionamento tóxico, uma dependência emocional e financeira que a impedia de tomar uma decisão. Para quem olha de fora, é sempre mais fácil, aquelas conclusões precipitadas que não conseguem mensurar a dor do outro — falta empatia, falta compaixão.

Sabe o que fez minha mãe se libertar dessa prisão, querido amigo? Deus! Ela o buscou no momento em que mais precisou e foi ouvida, teve seu encontro com Jesus e a partir de então nada mais foi como antes, toda a vida dela mudou.

Acho que, de certa forma, ela se traumatizou com os dois maridos que teve, porque depois da segunda separação nunca mais quis saber de encontrar outra pessoa. Mesmo assim, o libertar-se das amarras devolveu a ela tantas coisas que ela havia perdido.

Eu sabia que precisava perdoar aquele homem pelo mal que ele havia feito a mim, meus irmãos e minha mãe. Eu precisava arrancar aquilo do meu coração para poder me parecer mais com Jesus. As feridas eram tantas que me custaria muito; eu não queria encontrá-lo, não queria olhar para ele e reviver tudo aquilo mais uma vez.

Para ser sincero, preferi esquecer, não ter que me deparar com ele, foi como guardar tudo dentro de um pote. Segui minha vida normalmente, e o tempo foi cicatrizando as feridas. Eu sentia que não existia mais no meu coração um desejo de vingança, de querer o mal; não havia nada disso. Mas e se eu fosse colocado à prova? Se a vida fizesse nossos caminhos se cruzarem? Como eu iria reagir?

Como tantas famílias, nós também enfrentamos momentos trágicos, e um deles foi a perda de um tio muito querido, vítima de um acidente. Ele era irmão da minha mãe. Eu, que já era padre a essa altura, fui ao velório e depois de anos reencontrei o pai de minha irmã. Juro que achei que seria mais difícil, considerando inclusive o momento que estávamos passando, mas foi fácil, meu querido, foi libertador cumprimentá-lo, mesmo sendo poucas as palavras. Foram suficientes.

Perdoar não é uma capacidade típica dos bobos ou inocentes. Só é capaz de perdoar aquele que tem fé, que sente a vida mudada pelo Senhor. Como é bom ver o Senhor perdoar, ser movido pela compaixão. Seu exemplo deve ser seguido sempre.

Para falar sobre o perdão, eu poderia citar tantos testemunhos de almas bondosas que temos o privilégio de conhecer nesta vida, pessoas piedosas e santas que acabam por ser luzeiros neste mundo. Essas pessoas conseguem dar equilíbrio para tantas almas rancorosas que decidiram viver uma vida de ódio.

Há pessoas que odeiam por qualquer motivo, sem uma razão legítima. Eu me surpreendo por saber que às vezes os motivos que levam a romper uma amizade ou laços familiares são muito pequenos. A todo momento testemunhamos relações fracassadas pela falta de perdão. Falta alguém que dê o primeiro passo, alguém que seja movido pela fé, que não permita que o orgulho ofusque a capacidade de testemunhar a fé genuína que se exige de nós à semelhança do Mestre Jesus.

Me recordo neste momento da vida de uma jovem que foi elevada à honra dos altares pelo seu amor a Jesus. Maria Goretti, de família muito simples, tinha uma religiosidade singular. Ela se tornou mártir da pureza por se negar veementemente a se deixar macular por um jovem próximo da família que tentava ter com ela algum tipo de relação, mas isso resultou no seu assassinato. Além de suas virtudes heroicas de pureza e amor incondicional a Jesus, muitos associam sua história ao perdão em sua forma mais plena.

Alexandre, o rapaz responsável pela sua morte, rapidamente foi preso e no cárcere iniciou um longo caminho de conversão. Ele teve a experiência de subir o calvário e ser com o Cristo crucificado. Ali, na periferia de sua existência, ele passou pela metanoia. Seu encontro com o Senhor não se deu numa igreja ou em qualquer outro lugar destinado à oração, não se deu num momento fácil de sua vida, mas sim na hora mais difícil, nos dias de claustro, de privação, no momento de solidão e dor aguda.

Arrependido do ato bárbaro que havia cometido, Alexandre precisaria ainda enfrentar duas grandes provas. A primeira, esta iminente e urgente, pedir perdão à mãe de Goretti. Ela tinha todos os motivos para ter o coração fechado, para não querer vê-lo e evitar qualquer tipo de contato. Poderia simplesmente dizer: "Eu o entrego para Deus, eu o perdoo, mas não quero proximidade." Quem poderia julgá-la por essa decisão? Motivos ela tinha, uma mãe que vê sua filha padecer de forma tão cruel. Mas, surpreendentemente, não foi essa a sua atitude.

A pergunta que fica é: como pode? Isso não pode ser explicado pela lógica humana, querido amigo, ultrapassa nossa capacidade de entender. É um mistério típico daqueles que são movidos pela fé, aqueles que transcendem a lógica humana.

Penso que estamos caminhando a passos largos para uma cultura de ódio e de divisão que ofusca a graça, nos cega e nos faz perder a humanidade. A mãe de Goretti perdoou o rapaz, abraçou-o, e, ainda mais, estavam juntos no dia da canonização de sua filha na praça de São Pedro, no Vaticano. Talvez o maior de todos os milagres atribuídos à intercessão de Santa Maria Goretti seja exatamente esse.

A segunda prova de Alexandre, e esta ele precisaria carregar para a vida toda, era a lembrança do que havia feito. Esse seria, sem dúvida, o grande espinho em sua carne. Ele seria obrigado a viver com essa dor, mas ainda assim com a certeza de que também ele fora alcançado pelo perdão de Deus.

Precisamos urgentemente de pessoas assim neste mundo. Precisamos de mais Gorettis, almas de fé extraordinária que são capazes de dar a vida pelo amor ao Evangelho de Jesus. Precisamos de mais mães de Goretti, que vão contra a lógica deste mundo, que não pensam de acordo com aquilo que seria o óbvio; elas vão além. Precisamos de mais Alexandres, homens arrependidos verdadeiramente, dispostos a viver o perdão e retomar o caminho.

Necessitamos de gente que se deixe guiar pelo Evangelho, que faça diferente do que todo mundo faz, aquilo que são Francisco nos ensinou e transformamos em canção:

> Senhor, fazei de mim um instrumento de Vossa paz.
> Onde houver ódio, que eu leve o amor.
> Onde houver ofensa, que eu leve o perdão.
> Onde houver discórdia, que eu leve a união.
> Onde houver dúvida, que eu leve a fé.
> Onde houver erro, que eu leve a verdade.
> Onde houver desespero, que eu leve a esperança.
> Onde houver tristeza, que eu leve a alegria.
> Onde houver trevas, que eu leve a luz!
> Ó Mestre, fazei que eu procure mais:
> consolar, que ser consolado;
> compreender, que ser compreendido;
> amar, que ser amado.
> Pois é dando que se recebe.
> É perdoando que se é perdoado.
> E é morrendo que se vive para a vida eterna!

A simplicidade
e a poética dos
cotidianos

Querido padre Patrick,

Quando penso que esta é a nossa última conversa para este livro, fico inquieto com o quanto ainda gostaria de dizer nessas trilhas que decidimos trilhar juntos para dizer a alegria.

Falamos das nossas vidas. Falamos de encontros e desencontros. Nos revelamos aos outros nos revelando a nós mesmos. Simples assim. A coragem de sermos nós mesmos.

O seu último texto é um lindo manifesto sobre o perdão. Você poderia ter escolhido se valer do pensamento de algum filósofo ou de algum teólogo, que você tão bem conhece. Você fez mais do que isso. Valeu-se de você. Das suas dificuldades em perdoar. Das suas noites prolongadas no tema da incompreensão das dores que causaram em você aqueles que deveriam compreender a importância do amar. Enquanto lia os seus dizeres, ficava imaginando as bodas de prata que você celebrou a pedido do seu pai, do mesmo pai que um dia disse adeus. Do pai que errou e do pai que acertou, como todos os pais. Só você sabe o que sentiu na partida, mas eu posso saber o que você experimentou no reencontro.

O reencontro não é apenas com o outro e comigo. É com as minhas rasgaduras e suas costuras. Quantas vezes já nos costuramos, não é mesmo, amigo querido?

E depois o seu sofrimento com o seu padrasto, com as suas violências, com os seus desrespeitos. Era uma dor aumentada porque você também sentia as dores que sua mãe sentia, mas é como você disse, é difícil ao que está preso a consciência da prisão e a coragem de buscar a liberdade. Há tantas mulheres vivendo esses calvários. E alguns apressados dizem "Mas por que elas não dizem não?". E insistem: "Por que não vão embora?"

Eu entendo os que não entendem. Mas entendo, também, o duro caminho do deixar para trás os descaminhos. Cada história é uma história, e eu não posso julgar os que prosseguem aprisionados em histórias que eu considero erradas. É como você disse. Àquelas que buscam ajuda, que decidem encerrar os ciclos de dor e voltar a respirar, é preciso que sejamos um pouco desse novo ar.

Eu nunca me esqueço de uma amiga que tinha uma relação dura com um homem violento. E eu, algumas vezes, tentei convencê-la de buscar as ajudas necessárias para o encerramento daquelas práticas criminosas. É preciso relembrar que um homem que espanca uma mulher comete crime e tem que responder por isso.

Quando ela decidia denunciar, mudava de ideia, chegava a desdizer o que havia dito. Eu ficava em dúvida se deveria eu mesmo tomar as providências cabíveis. Um dia, enfim, ela se decidiu, depois de a única filha ver a mãe apanhando do pai na cozinha da casa. Ela chorou de vergonha da filha e do seu medo em encerrar um casamento já encerrado há muito.

Conversamos, não poucas vezes, e ela disse que não queria que a filha passasse um dia por aquilo que ela estava passando a vida toda. Foi quando confessou que sua mãe também apanhava do seu pai, e que resistiu firmemente. Ela disse e depois percebeu que estava elogiando a mãe por prosseguir apanhando. Por não pôr fim a um ciclo de horror.

Cada ser humano tem um fluxo de vivências, amigo. E é preciso termos a sabedoria necessária para compreender o que podemos e o que não podemos fazer. Uma das vezes que ela resolveu e desistiu de denunciar o marido, ela me disse chorando: "Por favor, amigo, não desista de mim."

Eu respondi abraçando aquela mulher. Em um abraço, dizemos muitos dizeres.

Padre querido, eu vivi dias muito tristes desde a nossa última conversa. Como já te disse, minha mãe tinha uma única irmã. E ela faleceu. As duas vieram juntas da Síria. Cruzaram o oceano sem nunca descruzarem suas vidas. Era lindo ver as duas juntas. Rindo. Falando. Preparando a comida que comíamos. Cuidando.

Quando minha mãe morreu, fui eu a dizer a ela que a irmã que ela tanto amava agora sorria na eternidade. Minha tia olhou nos meus olhos e disse que não saberia prosseguir sem minha mãe. Eu disse que eu também não saberia. Mas que aprenderíamos juntos. Que choraríamos juntos. Que sorriríamos juntos de tantas lembranças lindas que nos trariam aconchegos. Os dias são costuradores das nossas rasgaduras. E prosseguimos.

Na semana que se passou, ela se foi. Ela faleceu na terça--feira. No sábado, eu fui visitá-la. Levei as comidas de que ela gostava, mas ela não quis comer. Deitada, apenas pedia que eu ficasse de mãos dadas com ela. Ela não estava reconhecendo bem as pessoas.

Eu perguntei se ela sabia quem eu era. Ela disse que sim. Sorrindo, disse o meu nome e em árabe falou "o filho da Anisse".

Depois fechou os olhos, e eu comecei a cantar uma música em árabe, uma música de que ela gostava muito. Ela abriu os olhos e cantou comigo. E, depois, fechou os olhos novamente. E eu permaneci de mãos dadas. E ela cantava de olhos fechados e sorria e dizia "o filho da Anisse". E completava: "Você é meu sobrinho, você é meu amor, você é o filho da Anisse."

Três dias depois, depois de falar o nome da minha mãe várias vezes, ela também foi sorrir na eternidade.

Eu fiquei imaginando o encontro das duas. Sabemos nada do que vem depois. Não nos foi revelado o mistério. Não sei se o melhor verbo para dizer o depois é o saber ou se é o sentir.

Se racionalizarmos, não conseguiremos compreender nada sobre a morte.

É o sentir que nos revela. E é o sentir na simplicidade.

No seu velório, na minha cidade de Cachoeira Paulista, enquanto eu rezava por ela, veio em mim a palavra do profeta Isaías, que conforta:

> Porque és precioso aos meus olhos, porque eu te aprecio e te amo, permuto reinos por ti, entrego nações em troca de ti. Estejas tranquilo, pois estou contigo... (Isaías, 43,4-5).

O diácono Nelsinho Corrêa, que você disse em um dos nossos dizeres, foi nos abraçar e rezar por ela. E cantou a sua música:

> Só se tem saudade do que é bom
> Se chorei de saudade, não foi por fraqueza
> Foi porque eu amei.

E disse sobre o menor versículo da Bíblia e talvez um dos mais bonitos, porque mostra a humanidade de Deus.

> Jesus chorou (João 11,35).

Jesus chorou com o choro da família de Lázaro. Mesmo sabendo que iria ressuscitar Lázaro, Jesus chorou.

As lágrimas são delicadezas que os nossos olhos emprestam à nossa alma para os seus alívios.

Enquanto levávamos o corpo até a sepultura, eu pensava nas vidas que vivemos juntos. No seu colo, eu me apaixonei por livros antes ainda de compreender as palavras. Ela dizia que eu tinha alguns meses quando virava as páginas e dizia "lê e lê e lê". É por isso que eu sempre a chamei de Lelê, minha tia Leila, minha tia que lê. Eu já escrevi isso sobre ela, mas fiquei com vontade de repetir. Quando escrevi, ela ainda estava viva.

A SIMPLICIDADE E A POÉTICA DOS COTIDIANOS 225

Amigo, o corpo fica na terra e, com ele, ficam os nossos cansaços. É assim o despedir de todos nós. Mas o Senhor que disse que nos ama não nos deixaria terminar assim. Não somos coisas que se descartam quando velhas ou estragadas. Somos filhos de Deus. É isso o que nos conforta. É isso o que nos ilumina para prosseguirmos iluminando.

Eu chorei o adeus da minha tia e chorei voltando para casa com as lembranças lindas que vivemos juntos. Ela era como minha mãe. E as duas já se foram. E também o meu pai. Minhas raízes estão ficando na terra. Mas minhas raízes estão florescendo nos céus.

E é só na simplicidade que posso sentir esse sentimento.

Padre amado, não há nada que me desperte mais vontade de estar do que a simplicidade. Como eu gosto de encontrar pessoas que compreendem o valor do ser em detrimento do ter. O ser na ontologia mais pura. O ser desnudado de enfeites e de honrarias. O ser sem as máscaras. O ser sem os fingimentos.

Um dia desses, eu estava em uma academia, treinando, quando um jovem com síndrome de Down se aproximou, tocou no meu rosto e disse: "Eu gosto muito de você." O pai veio logo em seguida se desculpando pelo filho. Eu disse que não precisava se desculpar e perguntei o seu nome. Ele disse: "João Júnior, porque João é o meu pai." E, sorrindo, deu um beijo no pai. Eu pedi também um beijo e um abraço. Eu fiquei emocionado, padre, porque eu tive um irmão com síndrome de Down, que também tinha o nome do pai, do meu pai.

66

Minhas raízes estão ficando na terra. Mas minhas raízes estão florescendo nos céus.

— *Gabriel Chalita*

O Júnior era um amor puro purificando a nossa vida. Um dia, ele também foi sorrir a eternidade. Tinha 33 anos. Fiquei o tempo todo de mãos dadas com o meu pai. Meu pai se foi alguns meses depois. É a vida, amigo. É um nascer e um nascer novamente. Mas para o nascer novamente temos que nos despedir.

Quero voltar ao João, à sua autenticidade, ao seu dizer simples. Se ele gostava de mim, por que não dizer?

Eu tive a oportunidade de estudar muito e prossigo estudando. Fiz três faculdades, dois mestrados, dois doutorados e uma infinidade de cursos em áreas do conhecimento que me permitem ser mais responsável com o que me proponho a ensinar. Portanto, valorizo muito o saber científico. Mas há algo que valorizo mais. O saber humano.

O saber humano se aprende convivendo com o humano e prestando atenção no humano.

Eu fui, algumas vezes, a Fátima e todas as vezes fico emocionado. Aquele lugar inspira. A história das aparições inspira. Por que para as três crianças?

> Disse-lhes Jesus: "Deixai vir a mim estas criancinhas e não as impeçais. Porque o reino dos céus é para aqueles que se lhes assemelham" (Mateus 19,14).

O que significa nos assemelharmos às crianças? Crianças são águas das nascentes, estão puras, sem sujeiras, sem acúmulos, sem os vícios que nos deturpam o viver.

No velório da minha tia, havia uma senhora que foi catequista comigo. Eu era muito novo, e ela já bem mais madura. Conversamos um pouco. E ficamos nos lembrando de como eu gostava de ficar na casa dela tomando o café da tarde e ouvindo as suas histórias.

Padre, eu fui ministro da eucaristia muito cedo. Com 12 anos, eu levava comunhão para os doentes da minha cidade. E, no começo, eu ia com ela. Para aprender. Para compreender o sagrado do que eu estava fazendo.

Era tão simples e era tão bonito. A sensação de levar Jesus para as pessoas. De rezar. De aceitar um copo de água ou um copo de café ou um bolo quente feito especialmente para mim como gratidão pelo meu gesto.

Foram dias lindos de muito sentir. Eu fui crescendo com esses aprenderes. Com o que ganhamos quando oferecemos. Alguns amigos meus diziam que eu precisava me divertir mais, que eu era muito responsável para tão pouca idade. E era, padre. E era tão feliz sendo assim.

Logo depois de fazer a primeira eucaristia, com 9 anos, eu comecei a ajudar a catequista da minha paróquia. E ali foi nascendo em mim o meu ofício de vida, o de ser professor.

Conheci, amigo amado, boa parte do mundo dando palestras, viajando, apreciando lugares lindos. Mas eu digo, com toda a sinceridade, que a viagem mais bonita que ainda faço é por essas histórias que moram em mim.

Enquanto escrevo, vou lembrando as casas que eu visitava na minha Cachoeira Paulista. A dona Sebastiana que era a responsável pela Igreja de São Sebastião, que era a minha paróquia. Uma mulher simples que viveu a sua vida para cuidar do Sagrado.

A dona Carlota era uma catequista que era, também, a responsável pela Legião de Maria. Ela me pediu muitas vezes que, quando ela morresse, eu fosse cantar na sua missa as músicas marianas. Eu já morava em São Paulo quando ela morreu. E eu fui. A igreja lotada das filhas de Maria. E eu cantando as canções que me embalaram na fé a vida toda.

Dona Carlota, dona Adélia e dona Sinhá Aninha. Eram as minhas três catequistas. Dona Carlota foi a primeira mulher a dirigir um automóvel em Cachoeira Paulista. E ela gostava de dizer isso. Todas elas permanecem em mim, amigo. Com suas casas simples, suas rezas simples, suas crenças simples. E uma alegria que brotava da certeza de que faziam a coisa certa na vida.

Dona Sebastiana era a responsável pela igreja e o José Teodoro era o que tocava o sino. O sino que avisava da missa. Ou o sino triste dos velórios. Como eu fiquei feliz, quando ele me ensinou a tocar o sino. Como eu me achei importante. Um dia, amigo, eu havia ganhado um chinelo de dedo do meu pai. Na época estava na moda virar o chinelo ao contrário. Eu achei tão importante aquilo que eu não queria tirar o chinelo dos pés. Eu era coroinha. E fui para a missa de calça azul-marinho, camisa branca e chinelo virado ao contrário, última moda. Seu José Teodoro me viu e perguntou se eu não ia ajudar na missa. Ele perguntou olhando para os meus pés.

Eu disse que sim. Que já estava indo para casa me arrumar e que voltava. E fui colocar os sapatos.

Há tantas histórias bonitas na minha vida, amigo. Na minha vida e na vida de toda a gente. É que, às vezes, nos desacostumamos de lembrar.

O grande poeta Khalil Gibran dizia que "a lembrança é uma forma de encontro". Lembrar dos ontens nos faz bem, se o que lembramos é o bem. É o bem que nos fizeram, é o bem que em nós plantaram.

O lembrar também pode nos fazer mal. E é por isso que o mesmo Gibran nos fala do não lembrar: "O esquecimento é uma forma de liberdade."

Esqueci muito do mal que me fizeram. Esqueci mesmo, amigo. Acho que desocupar o pensar de pensamentos que nos ocupam de mágoas é essencial para a nossa liberdade. É por isso que falamos tanto sobre o perdão.

Padre, quando eu penso nas qualidades do meu pai, uma das que mais admiro e tento aprender é a paciência. Eu não sou uma pessoa muito paciente. Gostaria de ser. Faço de tudo para ser.

Eu percebo, entretanto, que, quando encontro pessoas simples, eu experimento uma paciência que não consigo ter com outras pessoas.

Se alguém me diz verdades absolutas com arrogância, não tenho paciência nenhuma. Se percebo a fragilidade de alguém para expor os seus pensamentos, sou a calmaria que aguarda, que auxilia, que sofre junto e que junto se alegra.

Um dia, na mesma academia em que conheci o João Júnior e que recebi seu beijo e seu abraço, vi uma cena constrangedora de um homem gritando com um outro homem que passou, sem querer, o pano de chão no seu pé. O homem que limpava a academia pediu desculpas e foi limpar outro lugar. Era um senhor. Ficou com medo de ser mandado embora. Eu olhei com desaprovação para o homem do grito e fui conversar com o homem da limpeza. Quando cheguei perto, ele foi logo dizendo que estava distraído e que errou. Eu disse que o erro estava no grito. Que ele não havia feito por mal. Que um pano não tira pedaço de ninguém. Que o homem do grito precisava de um pano para limpar a alma.

Padre, eu tenho horror a covardia. Pessoas que humilham pessoas que não podem se defender.

Em um outro momento, fui a um restaurante. Um amigo de um amigo meu gritou com um garçom. Um garçom não pode se defender quando é maltratado porque tem medo de perder o emprego. Eu pedi que ele se desculpasse e, se não o fizesse, eu o faria e iria embora. A contragosto, ele fez.

Amigo, eu não posso ver uma injustiça e não fazer nada, senão faço parte dela.

Querido amigo, eu peço a Deus constantemente o dom da simplicidade. O dom de viver a poética dos cotidianos.

O acordar e agradecer. O comer com prazer um pão com manteiga e tomar um café fumegante. O tomar banho e perceber a água limpando. O brincar com os meus cachorros em casa. Tenho três. Como aprendo com eles. Com a alegria despreocupada deles. Com as festas quando entro em casa. Com o olhar de interrogação quando faço as malas para mais uma viagem.

As viagens são muitas. Como você. Gostamos de levar o riso para as pessoas e de levar o pensar. Na mala, as nossas melhores intenções. Como é bom terminar uma palestra e ter a consciência de ter plantado sementes. Sementes de alegria.

Um pouco antes de escrever, estava vendo a matéria sobre a morte da Rosa Magalhães, a carnavalesca que ganhou mais títulos na Marquês de Sapucaí. E, em um dos momentos da matéria, perguntavam a ela sobre o segredo de ser campeã tantas vezes. E a resposta foi: "A alegria. Nenhuma escola consegue fazer seu papel na avenida sem a alegria."

Depois da matéria sobre a Rosa, assisti à abertura das Olimpíadas de Paris. Tudo muito bonito. A primeira vez que a cerimônia não foi feita em um estádio, mas em um rio. No rio Sena. Tudo muito preparado para um grande espetáculo de congraçamento dos povos. Os barcos trazendo as delegações. Os refugiados podendo competir.

Meu Deus, há 100 milhões de refugiados no mundo. Que tristeza. Mulheres e homens obrigados a deixar a pátria para não deixar a vida. Eles também estavam na abertura dizendo "Eu existo".

66

Peço a Deus constantemente o dom da simplicidade. O dom de viver a poética dos cotidianos. O acordar e agradecer. O comer com prazer um pão com manteiga e tomar um café fumegante. O tomar banho e perceber a água limpando. O brincar com os meus cachorros em casa.

— *Gabriel Chalita*

Pela primeira vez a paridade de homens e mulheres. A tocha olímpica foi acesa por dois atletas, um homem e uma mulher, Teddy Riner e Marie-José Pérec. O sonho de que as diferenças não signifiquem desigualdades. E o final foi Céline Dion cantando o hino ao amor.

O amor, querido amigo, é o sentimento maior que nos oferece a alegria, quando compreendemos o amar.

O amor é, como dizia São Paulo, paciente, bondoso. Não tem inveja. Não é orgulhoso. Não é arrogante. O amor é simples. Simples como o acordar. Precisamos acordar para a simplicidade. A simplicidade é uma ponte que nos leva a Deus. É no ter olhos de olhar as rosas que experimentamos o capricho do Jardineiro. É no ter olhos de olhar as montanhas que experimentamos o poder do Escultor. É nos pássaros que voam os céus, nos mares que parecem não ter fim, nos ventos que ventam em nós, que sentimos a criatividade do Artista. Tão criativo que não fez sequer dois polegares iguais.

Somos bilhões e somos únicos. E é por isso que precisamos prestar atenção.

Amigo, você se lembra do Gabriel, sobre quem eu disse em uma das nossas conversas? Do Gabriel que estava internado, com um estado de saúde delicado? Do Gabriel em cuja porta estava escrito "Eu sou o amor dos meus pais"? Pois bem, ele está bem. Eu sei disso porque a médica que o atende pediu que eu autografasse um livro meu, que ela comprou para dar de presente ao menino que está deixando o hospital e que falou muito da minha visita.

Como eu agradeci a notícia. Eu disse que autografava, mas que gostaria de abraçar aquela família. Esses momentos são momentos alimentadores de alegria. São eles que ficam.

As lembranças que tenho da minha tia ou dos meus pais ou da dona Sebastiana ou do José Teodoro, o tocador de sinos, ou da dona Carlota, a dirigidora de carros e de palavras bonitas, não são lembranças de coisas, são lembranças de sentimentos. As lembranças mais bonitas da minha infância não são dos presentes que recebi, mas das presenças que presentificaram em minha vida o sentimento da alegria.

Querido amigo, aguardo seu último dizer. Neste livro, que fique claro. Porque prosseguiremos nos dizendo a amizade. A amizade é a compreensão da alegria compartilhada. Sem amizade, a alegria não fica. Ninguém abraça a si mesmo.

Os espelhos são bons para nos enxergarmos. E é preciso que nos enxerguemos. Que o nosso eu exterior converse com o nosso eu interior. E que se entendam. Mas precisamos ir além dos espelhos. Precisamos das janelas. As janelas que nos abrem os cenários do mundo. As janelas que nos fazem ouvir os dizeres que não são nossos, mas que podem fazer parte do que somos. As janelas que nos emprestam os sons das canções bonitas dos pássaros ou das pessoas.

Benditas sejam as canções. As janelas que nos dizem que é bom sair e que é bom voltar. Que é bom caminhar e que é bom descansar.

66

Os espelhos são bons para nos enxergarmos. E é preciso que nos enxerguemos. Que o nosso eu exterior converse com o nosso eu interior. E que se entendam. Mas precisamos ir além dos espelhos. Precisamos das janelas.

— *Gabriel Chalita*

Ouvindo música. A música é a linguagem de Deus. O coração do homem, também. Por isso, amigo, além do pensar, é preciso sentir.

Enquanto mais um dia se despede, eu me despeço, aguardando você, aguardando os seus dizeres e a sua amizade, aguardando a alegria de oferecermos juntos este livro.

Que possamos semear a alegria. Que o riso seja um bom companheiro de caminhada e que o amor não nos deixe jamais fechar as janelas. Nem as portas.

Querido amigo Gabriel,

Em primeiro lugar, sinto-me tão honrado pela oportunidade destas nossas conversas. Foram breves, é verdade, mas ficarão plenamente gravadas na minha alma, como um selo. Sou movido pelo dom da esperança, que me faz acreditar que em breve poderemos retomar estes preciosos diálogos que tanto enriqueceram nossa vida — a minha, a sua e a de outras pessoas que neste momento estão lendo este livro.

Rasgar o coração, tirar o véu, é maravilhoso. Quando eu quis expor minhas lembranças mais íntimas e dolorosas, e também minhas memórias mais felizes, eu tinha como primeiríssima motivação mostrar o quanto sou humano e como me orgulho da minha humanidade. Sou um padre humano, sou um cristão humano, sou gente, cheio de carências, de inseguranças e defeitos, mas sei que isso não diminui minha dignidade de filho amado de Deus. Tento a todo momento, em qualquer oportunidade, convencer as pessoas que encontro pelo caminho do valor incondicional de sua vida, a vida entendida como privilégio, como dádiva, única e irrepetível.

Eu sei que, neste mundo dilacerado e ferido, onde cada vez mais se vive sem esperança, onde somos tomados pela ansiedade e desfigurados da nossa beleza original, que vem do próprio Deus, não são poucas as vezes que nos vemos perdidos, sem um rumo, sem uma direção. Encontrar-se com Deus é uma urgência, meu querido. E eu queria lhe contar que durante estas conversas eu encontrei Deus em você.

Encontrar Deus nas pessoas é outra meta de minha vida: deixar-me me encantar, me surpreender sempre mais, perceber a bondade no coração do ser humano. Somos bons, e, ainda que tantas situações nos levem a colocar a esperança em xeque, nunca devemos permitir que o desespero se apodere do nosso coração.

Não sei se você já teve a experiência de estar numa casa com goteira num dia chuvoso. Qual a primeira atitude para sanar o problema, ao menos naquele instante? Procurar um balde para colocar no lugar onde os pingos estão caindo. Num primeiro momento, quando o balde ainda está seco, os pingos gotejam e produzem um barulho que chega a incomodar, mas, à medida que o balde vai enchendo, a tonalidade desse som muda e fica mais suave. Deus, como o balde, transborda de amor. Ele derrama a Si mesmo a ponto de nos criar. Deus nos criou para que fôssemos capazes de buscá-Lo e de adorá-Lo. Esse amor é sem fim, não é medido nem mensurado, esse amor se consuma na cruz.

Deus nos fez para que fôssemos capazes desse amor. Infelizmente, muitas vezes não tomamos consciência disso e não nos abrimos para receber as gotas do amor de Deus.

À medida que fui compreendendo essa realidade, também fui enchendo até derramar. É por isso que hoje eu sei que sou amado e que, apesar das minhas imperfeições, o Senhor confia tantas responsabilidades a mim.

Eu também precisei me libertar de muitas prisões para poder ser livre — livre em Deus, livre para amá-Lo, livre para buscá-Lo e para poder olhar para a beleza da Sua criação —, mas continuo me encantando a cada amanhecer, quando abro a janela do quarto e vejo o balançar das árvores, que, dependendo do dia, estão ainda mais belas. Eu me encanto com os pardais que voam pelo quintal da casa paroquial, me encanto com o brilho do sol da Amazônia, com suas cores tão intensas e únicas, me encanto com a plenitude da criação que é o ser humano, me encanto com cada visita matinal à capela da minha casa, onde tenho a oportunidade de estar com Ele e, mesmo sem pronunciar uma única palavra, saber que sou ouvido.

É o admirar-se, querido amigo, que faz a vida se tornar cada vez mais leve. Vejo leveza em você. Por favor, preserve esse dom, que é cada vez mais raro. Infelizmente o mundo está pesado — falta delicadeza, sensibilidade, tons de poesia.

Por isso, precisamos ser a curva neste mundo. Eu convoco todos os que leem estas palavras a terem a coragem de nadar contra a maré, precisamos nadar contra a correnteza, romper com a cultura de escravidão. Como fez sua amiga, que decidiu colocar um ponto-final em uma história que ela viveu, que a sua mãe viveu e que ela não precisava levar adiante. Vejo uma graça sobrenatural quando nos libertamos das cruzes desnecessárias.

Permita-me explicar o que entendo por cruzes desnecessárias. É claro que não devemos jamais fugir da cruz, afinal ela faz parte da nossa fé. Jesus nos advertiu de que a teríamos, e assumi-la é viver de acordo com o Evangelho, obedientes à vontade de Deus. Porém, de algumas dores nós podemos e devemos nos libertar; fazendo isso, talvez as dores que sejam necessárias fiquem mais brandas. Sei que não é fácil tomar decisões, mas elas são libertadoras, trazem paz.

Nem sempre é fácil tomar decisões que mudam uma vida, pois somos tomados pelo medo. Muitas vezes nos acostumamos à praia e não temos o ímpeto de ir para as águas mais profundas, onde o que nos espera é o desconhecido, que nos assusta. Ter coragem de ir além é um exercício: quanto mais o praticamos, mais vamos descobrindo o novo e ali somos surpreendidos pelo carinho de Deus.

O percurso incerto nos reserva surpresas. Se não sabemos para onde ir, ele nos conduz. Quando perdeu sua mãe, você teve que aprender junto de sua tia, que agora está com ela, como seria dali em diante, mas sei que vocês tiveram companhia no caminho. Deus estava lá, Ele sempre está. Sua presença é tão discreta que nem sempre notamos, mas a graça que provém dele é suficiente.

Se eu pudesse escolher um único livro da Sagrada Escritura, com certeza seria o Evangelho de João. Ele é único, talvez por ser o mais tardio. Como demorou mais tempo para ser escrito, foi mais aprofundado; alguns textos só existem nele. As histórias falam direto ao nosso coração, e entre elas está aquela em que Jesus chorou diante do corpo do amigo Lázaro.

66

Ter coragem de ir além é um exercício: quanto mais o praticamos, mais vamos descobrindo o novo e ali somos surpreendidos pelo carinho de Deus.

— Padre Patrick

As lágrimas do Senhor eram de carinho, de compaixão e de dor pela perda do amigo, pela tristeza das irmãs, que agora estavam desamparadas. Era um cenário de caos, mas ali estava o Senhor, estava aquEle que podia fazer algo.

Logo pensamos que o extraordinário que aconteceu ali foi Jesus trazer de volta à vida um homem morto. Afinal de contas, não se podia fazer mais nada, três dias haviam se passado. Até mesmo para a crença judaica era impossível que ele voltasse à vida. A morte naquela situação era uma certeza; humanamente falando, nada mais poderia ser feito. Na nossa vida acontece a mesma coisa: em muitas ocasiões temos a mesma intuição de que nada mais pode ser feito. A meu ver, querido amigo, o milagre daquele dia foi o Senhor ter ressuscitado quem estava vivo.

A ordem para que Lázaro viesse para fora era ao mesmo tempo um convite a Marta e Maria, um encorajamento, para que se enchessem de esperança. A última palavra sempre virá dele, e eu sei que Ele está cuidando de você. Jesus chora, mas também enxuga as lágrimas das irmãs enlutadas.

As lágrimas, querido amigo, são antes de tudo um dom. É exatamente dessa forma que eu enxergo: o dom de lágrimas.

Quando ingressei no seminário com o sonho de me tornar padre, eu era bem jovem, ainda muito apegado à família, principalmente minha mãe e minha irmã, por quem eu nutria uma afeição paternal. No dia em que viajei para o outro lado do país, para estudar filosofia em União da Vitória, a despedida foi cruel. Nós choramos muito, e quando cheguei ao meu destino demorei quase uma semana para desfazer as malas, refletindo se deveria ficar ou voltar para casa.

O que me segurou naquele momento foi a vergonha. A comunidade havia feito um enxoval para mim, havia sido celebrada uma missa de despedida, e eu não me sentia no direito de retornar tão cedo. Mesmo assim, eu chorava muito, escondido, dentro do quarto. As melhores horas daqueles primeiros dias eram os momentos em que eu podia ficar sozinho para me permitir chorar.

Decidi permanecer naquela cidade até as férias de julho, quando eu retornaria para casa. Enfim o mês de julho chegou, e então viajei para perto da minha família cheio de alegria, com a certeza de que não sairia mais de lá.

No entanto, assim que cheguei, o povo da comunidade mostrou tanto orgulho de mim que me senti impelido a voltar. No fim das férias, foi aquela choradeira de novo, eu entrando no banheiro do aeroporto para chorar escondido. Voltei a União da Vitória e demorei para entrar no ritmo. A saudade de casa chegava a doer no peito. E eu dizia a mim mesmo que iria terminar ao menos o curso de filosofia. Os dias demoravam a passar; eram angustiantes.

Ao mesmo tempo, comecei a me identificar naqueles tempos difíceis como um homem consagrado; acredito que vivi a experiência de ser purificado.

Ainda assim, todo retorno de férias era uma tortura, sempre com lágrimas e tristeza. Eu me lembro da última vez que chorei por esse motivo. Estava cursando o segundo ano de teologia em Belém do Pará e, quando retornei das férias de julho, cheguei ao meu quarto e fui tomar banho. Depois da longa viagem, embaixo do chuveiro, prometi para mim mesmo que nunca mais iria chorar por aquele motivo. E realmente foi isso que aconteceu.

Confesso a você que sinto saudade do tempo em que eu era mais emotivo. Percebo que hoje é difícil eu derramar lágrimas. Eu sinto, me comovo, mas as lágrimas se tornaram raras. No entanto, acho maravilhoso rasgar o coração, colocar para fora nossas angústias, não só nos momentos difíceis, mas nas conquistas. No fundo, chorar é se permitir ser humano.

Sua experiência em Fátima me trouxe lembranças das vezes que estive lá. Já tive a oportunidade de visitar alguns lugares marcantes, mas quatro viagens me tocaram profundamente e me fizeram chorar lágrimas de emoção, de gratidão a Deus por ter tido a oportunidade de colocar os pés naqueles lugares. Um deles foi Fátima, a cidade dos pastorinhos.

Como nos lembra a Palavra, Deus escolhe os fracos para confundir os fortes. Ali existe algo muito simples, que de tão pequeno chega a ser surpreendente. Eu chorei quando entrei na casa de Francisco e Jacinta. Comecei a pensar na infância piedosa dos irmãos, que viveram ali poucos anos, mas intensos. Foram tantas desconfianças e perseguições para crianças que, mesmo pequenas, mostraram para o mundo que as coisas simples são as que realmente importam. Em Fátima senti muito forte em meu coração a importância da casa, da família. Assumi o compromisso de levar minha família para conhecer esse lugar. Vamos fazer isso em janeiro do próximo ano.

Outro lugar que me tocou profundamente foi Cracóvia, na Polônia, onde, por ocasião da Jornada Mundial da Juventude, visitei o Santuário de São João Paulo II. Quando entrei naquela igreja havia alguns jovens cantando uma música angelical no idioma polaco. O som se espalhava naquele templo, nos remetendo ao céu. Fui sendo atraído para um dos bancos, me sentei e por um instante era como se só houvesse o Senhor e eu, mais ninguém.

Depois de muitos anos, nesse dia fui agraciado com o dom das lágrimas. Pensei no Papa, na sua missão, na doação incondicional de sua vida, e refleti sobre meu ministério sacerdotal. Ao mesmo tempo que experimentava a gratidão, também acusava a mim mesmo por minhas imensas fragilidades. Vivi uma experiência única, como se fosse um carinho de Deus em meio ao deserto, e saí daquela igreja extremamente tocado.

Um terceiro ponto de encontro e encantamento foi Nazaré. De todos os lugares da Terra Santa, esse sem dúvida foi o mais singular. Estar ali foi precioso para mim. Quando chegamos à igreja, nos deparamos com a oração do Angelus escrita em latim: "O Verbo de Deus se fez carne e habitou entre nós."

Pensar que naquele lugar singelo e pequenino acontecia o mistério mais sublime de nossa fé provocou em mim uma explosão de sentimentos. Quando entrei na igreja, fui tomado por uma docilidade mariana. No andar subterrâneo fica a gruta que seria o quarto de Maria. Que lugar místico. Lá está escrito: "Aqui o Verbo de Deus se fez carne." Minha atitude foi me ajoelhar e chorar; o impacto foi muito grande. A cena da visitação do anjo Gabriel à jovem Maria trazia a Salvação, a esperança. Tudo se fez naquele lugar.

Por fim, outro pedacinho do céu que me tirou lágrimas, em mim tão raras, foi Assis, um território que eu considero sobrenatural. Francisco se parecia com o Mestre e mostrou ao mundo que a simplicidade é a condição para uma vida feliz. Ele atraía tantos por mostrar bondade e alegria mesmo sendo pobre, e acima de tudo pelo amor que nutria pelo Senhor.

Eu sei que esses espaços geográficos podem ser alcançados no interior de nosso coração. Existe um lugar em nosso íntimo em que podemos nos encontrar com o sagrado, mas para alcançá-lo é necessário ter, antes de qualquer coisa, simplicidade de coração. Essa simplicidade exalava em Francisco, nos pastorinhos de Fátima, no saudoso papa João Paulo II e na mestra de todos, a Virgem Maria. Todos eles nos ensinam que o encontro com o Senhor é para aqueles que se desprendem daquilo que é passageiro.

Passageira também é a nossa vida. Um dia o sino deixará de badalar, e seremos lembrados pelo quanto tivermos amado. Ao longo dos anos teremos que enfrentar despedidas, e chegará um tempo em que outros se despedirão de nós. Eu me pergunto sempre: qual será a lembrança que terão de mim? Como serei lembrado? Será que as pessoas chorarão minha partida, será que guardarão no coração coisas boas sobre mim? Tudo vai depender do bem que fizermos.

É por isso que a cada abraço, a cada encontro temos a chance de deixar um legado que durará para os que ficarem.

Quero muito ser lembrado como um bom padre, um bom pastor — o bom pastor de acordo com o Evangelho, aquele que se doa às ovelhas; não quero ser lembrado pela internet, não quero ser lembrado pelas honras deste mundo. Gostaria de ser lembrado pela leveza, pela alegria, pela generosidade,

66

Gostaria de ser lembrado
pela leveza, pela alegria, pela
generosidade, pela bondade.
Gostaria que as pessoas
sentissem minha falta, mas
não com tristeza: com saudade
de alguém que foi bom.

— *Padre Patrick*

pela bondade. Gostaria que as pessoas sentissem minha falta, mas não com tristeza: com saudade de alguém que foi bom. Longe de ser perfeito e excelente, o que eu espero é ser um bom padre.

Se você me perguntar o que falta à minha ainda breve vida, eu não teria uma resposta para lhe oferecer. Não sei se mereço mais do que já me foi dado. Ao longo dos meu 37 anos eu fui muito feliz, celebrei a vida de diversas formas. Sou grato pelas pessoas que encontrei e pelos caminhos que me foram abertos; foi muito mais do que imaginei. Deus sempre faz muito mais do que sonhamos ou imaginamos.

É verdade que também tive momentos sombrios, tristes, que me custaram tanto. Houve dias em que a cruz foi tão pesada que realmente achei que não seria capaz, mas sobrevivi; a mão do Senhor me sustentou, e essa mesma mão tem me conduzido e me levado para onde o vento do Senhor deseja.

Às vezes custo a entender a vontade de Deus. Chego a questionar, não tenho medo de transformar minhas queixas em oração. Então eu falo com Ele, pergunto, questiono, mas no final sempre aceito.

Ainda falando sobre o que me falta, amigo, tenho vontade de desacelerar, tenho o desejo de silenciar um pouco. Ultimamente tenho gastado alguns minutos do meu dia vendo vídeos de sítios no Instagram; parece que algo magnético de verdade está me atraindo, uma vontade incontrolável de escutar a natureza, de contemplar a criação, de ter momentos para escrever.

Querido amigo, as pessoas sempre me cobraram um livro. E o que eu digo é que escrever estas cartas despertou em mim a necessidade de parar mais para relembrar, trazer as memórias de volta. Foi bom recordar tantos momentos e partilhá-los com você. Isso me fez perceber que preciso mais de momentos assim.

Tudo é passageiro.

É isso, amigo, não quero ser lembrado como o padre da internet. Quero deixar um legado, algo de bom no coração das pessoas.

Como eu nunca tinha escrito um livro, não sei bem como fazer para terminar este. Estou tentando lembrar de algo impactante, que possa marcar a vida das pessoas que estiverem lendo nossas conversas agora, mas nesse caso não seria espontâneo, e sempre fui marcado pela espontaneidade. Então, prefiro falar o que está agora em meu coração.

As pessoas estão perdendo a capacidade de se encantar, mas eu me recuso a aceitar isso; quero continuar me encantando com o que é simples.

Todos estão vivendo acelerados demais; eu quero desacelerar, estar atento aos sinais de Deus.

Não quero viver somente por viver, não quero ver os anos passarem sem que eu os valorize — cada instante, cada segundo. Quero olhar nos olhos de todos que eu encontrar e dizer, sem nenhuma demagogia, mas com convicção, que a sua vida é um dom. Quero estender a mão para levantar aqueles que estiverem no chão, precisando do meu abraço.

Sei que é uma grande utopia desejar mudar o mundo, mas, se não fizermos algo, quem mais fará? Se, no final de tudo, eu tiver salvado a vida de alguém por algo que falei ou fiz, sei que terá valido a pena.

Escrevo estas últimas palavras com a certeza de que o bom Deus reserva a cada um de nós coisas extraordinárias.

66

Não quero viver somente por viver, não quero ver os anos passarem sem que eu os valorize — cada instante, cada segundo. Quero olhar nos olhos de todos que eu encontrar e dizer, sem nenhuma demagogia, mas com convicção, que a sua vida é um dom.

— *Padre Patrick*

Este livro foi composto na tipografia Adobe
Jenson Pro, em corpo 12/16, e impresso em
papel off-white no Sistema Cameron da
Divisão Gráfica da Distribuidora Record.